ROTRAUT SUTTER

SIEBENBÜRGER SACHSEN IN ÖSTERREICHS VERGANGENHEIT UND GEGENWART

EINE AUSWAHL

UNIVERSITÄTSVERLAG WAGNER — INNSBRUCK 1976

ISBN 3 7030 0031 7

Eigentümer, Herausgeber und für den Inhalt verantwortlich: Dr. Rotraut Sutter. Verleger: Universitätsverlag Wagner Ges. m. b. H., Innsbruck, Innrain 29. Klischeearbeiten: grafostil, Wien. Gesamtherstellung: Druckerei G. Grasl, 2540 Bad Vöslau.

Meinem lieben, verehrten
väterlichen Freund
Prof. Dr. Otto Folberth
zum 80. Geburtstag
am 10. Juli 1976

VORWORT

Erst 1944 kam es zwischen den Siebenbürger Sachsen und Österreich zur ersten umfassenden Berührung auf breitester Basis. Durch Kriegsereignisse veranlaßt, mußte ein Teil der Siebenbürger Sachsen ihre im äußersten Karpatenbogen liegende Heimat erstmalig in ihrer über 800jährigen Geschichte unfreiwillig verlassen. Sie zogen in einem langen, qualvollen Treck quer durch Ungarn in den Westen. Rund 20.000 dieser Menschen suchten in Österreich Zuflucht und ließen sich hier endgültig nieder; sie alle sind inzwischen österreichische Staatsbürger mit gleichen Rechten und Pflichten geworden. Diese enge, vielschichtige Begegnung von Mensch zu Mensch, von Familie zu Familie, von Gemeinschaft zu Gemeinschaft ist einzigartig in der Geschichte Österreichs — und doch ist es das folgerichtige, vorläufige Endglied einer längeren Entwicklung, die bis ins Mittelalter zurückreicht. Waren es damals vereinzelte, wenn auch bedeutende Kontakte in Kunst und Kultur, so wurde Siebenbürgen von 1691 an bis 1867 als habsburgisches Kronland auch politisch eng an Österreichs Geschicke gebunden. Wie sehr diese Vereinigung von den Siebenbürger Sachsen begrüßt wurde, zeigt deren Bereitwilligkeit, für Kaiser und Reich einzutreten, indem sie als Staatsmänner, Politiker und Soldaten Hervorragendes leisteten und sich bewährten. Die siebenbürgische Hofkanzlei zog tatkräftige und mutige Sachsen nach Wien, die besonders von Maria Theresia geschätzt wurden. Wenn wir heute in Österreich eine als selbstverständlich empfundene Religionsfreiheit genießen, so sollten wir bedenken, daß das 1861 zustande gekommene Protestantenpatent mit ein wesentliches Werk verantwortlicher Siebenbürger Sachsen war.
Seit dem letzten Krieg bis heute wurden im österreichischen Bundesgebiet insgesamt 35 mehr oder weniger geschlossene siebenbürgisch-sächsische Siedlungen mit 19 neu erbauten evangelischen Kirchen errichtet: auch das ein Zeugnis eines „schöpferischen Gegensatzes“, der freilich nicht immer nur positive Auswirkungen zeitigte, im großen und ganzen aber gegenseitige Kräfte auslöste, die zu Gunsten Österreichs ausfielen.
Heute ist diese wechselweise fruchtbare Begegnung durch den Eisernen Vorhang unterbunden. Wichtiger denn je scheint mir deshalb der Versuch, die Wirksamkeit jener verdienstvollen Siebenbürger Sachsen aufzuzeigen, die sich längere Zeit in Österreich aufgehalten oder hier angesiedelt und einen wertvollen kulturellen, künstlerischen, wirtschaftlichen, wissenschaftlichen und politischen Beitrag für Österreich geleistet haben. Viele von ihnen empfingen hier wichtige Anregungen für ihre Tätigkeit in ihrer Heimat oder einem anderen Land.
Zudem fühlte ich mich meinen österreichischen Landsleuten gegenüber verpflichtet, diesen Kräften, die unser Land in Vergangenheit und Gegenwart mitgeprägt haben, in Form von 83 Kurzbiographien nachzuspüren.

R. S.

Salzburg / Berlin / Innsbruck 1974

ARTUR FREIHERR ARZ VON STRAUSSENBURG

Geboren 11. Juni 1857 in Hermannstadt (Sibiu)
Gestorben 1. Juli 1935 in Budapest

Als Nachfolger des Feldmarschalls Conrad von Hötzendorf war Artur Freiherr Arz von Straußenburg der letzte Chef des Generalstabes der dahingesunkenen Donaumonarchie. Von den siebenbürgisch-sächsischen Generalen ist Arz in der militärischen Hierarchie am höchsten aufgestiegen, wenngleich kein Soldatenblut in seinen Adern floß. Er entsproß einer Bürgerfamilie, deren Vorfahren meist evangelische Pfarrer waren. Sein Großvater erwarb 1835 als Postmeister das Prädikat „von Straußenburg", sein Vater war Privatier.
Arz wurde am 11. Juni 1857 in Hermannstadt (Sibiu) geboren. Nach dem Tod seines Vaters kam er zu einem Ziehvater, dem Obergespan des Hermannstädter Komitats und Sachsen-Comes August Thalmann.

Das Gymnasium absolvierte er in Hermannstadt; politisch neigte er den sogenannten „Jungsachsen“ zu, die eine größere Annäherung zu Ungarn anstrebten. Nach kurzem Studium an der Hermannstädter Rechtsakademie rückte er 1876 als Einjährig-Freiwilliger zum siebenbürgischen Feldjägerbataillon Nr. 23 ein und entschloß sich, Berufsoffizier zu werden. Am 1. Juni 1878 wurde er aktiver Leutnant bei seinem Bataillon. In den Jahren 1885 bis 1887 besuchte Arz die Kriegsschule, ein Jahr später wurde er dem Generalstab zugeteilt. Stationen seiner Tätigkeit waren Banjaluka, Wien, Sarajewo, Olmütz und wieder Wien. Während dieser Zeit war er auch drei Jahre Flügeladjutant bei dem hochangesehenen Generaltruppeninspektor Feldzeugmeister Baron Schönfeld. 1901 und 1902 befehligte er das Infanterieregiment Nr. 34 in Kaschau und war neben anderen Tätigkeiten auch gleichzeitig Taktiklehrer an der Korpsoffiziersschule. 1903 heiratete Arz in Kaschau Stefanie Thomka von Tomkaháza. Der Ehe entsproß eine Tochter. Durch seine großen Personalkenntnisse und sein freundliches Wesen wurde er 1903 Chef des für die Personalien der Generalstabsoffiziere zuständigen Direktionsbüros für fünfeinhalb Jahre.
1908 wurde Arz zum Generalmajor befördert und zum Kommandanten der 61. Infanteriebrigade in Budapest ernannt, bald darauf als Feldmarschalleutnant zum Kommandanten der 15. Infanteriedivision in Miskolcz eingesetzt. Ein Jahr später wurde er als Sektionschef in das Kriegsministerium berufen, wo ihm alle rein militärischen Abteilungen unterstanden.
Nach Ausbruch des Ersten Weltkrieges bewährte sich Arz auch an der Front als Truppenführer: zunächst als Befehlshaber der 15. Infanterietruppen-Division, dann als Kommandant über das Kaschauer VI. Korps auf dem polnischen Kriegsschauplatz. Im Herbst 1916 befehligte er die neuaufgestellte k. u. k. 1. Armee (34.000 Mann) gegen Rumänien und verteidigte seine eigene siebenbürgische Heimat.
Arz verstand das Soldatenhandwerk in glänzender Weise: rasche Auffassung, hervorragendes Gedächtnis, temperamentvoll und spontan, zielsicher im Entschluß, kaltblütig gegenüber heiklen Situationen. Stets drängte es ihn nach vorne zur Truppe, wo er Zuversicht und Humor auszustrahlen wußte. Arz war ein grundgütiger Mensch, was ihm seine Divisionen auch in Friedenszeiten mit Anhänglichkeit und Kameradschaft dankten.
Als ihn am 1. März 1917 Kaiser Karl an seine Seite berief und man ihm die Übernahme des wichtigsten Postens in der Wehrmacht, Chef des Generalstabes für die gesamte bewaffnete Macht, überantwortete, war der Zerfall der vielsprachigen Donaumonarchie nicht mehr aufzuhalten. Trotzdem hielt Arz dem jungen Monarchen die Treue, zumal er sich auch der k. u. k. Armee tief verbunden fühlte. Die 1917 errungenen Waffenerfolge in Italien, in Ostgalizien und in der Bukowina bildeten den Höhepunkt seiner Feldherrnlaufbahn.
Nachdem der Kaiser Arz in den Freiherrnstand erhoben und ihm das Kommandeurkreuz des Militär-Maria-Theresien-Ordens (verbunden mit der Baronie) verliehen hatte, gehörte er zu den höchstdekorierten Offizieren der österreichisch-ungarischen Wehrmacht (insgesamt 34 Orden). Ihm wurden aber auch viele zivile Ehrungen zuteil: Ehrendoktor der Universität Klausenburg, Geheimer Rat, lebenslängliches Mitglied des Ungarischen Magnatenhauses, Inhaber des

k. u. k. Feldjägerbataillons Nr. 23, Ehrenbürger von Hermannstadt (Sibiu), Bistritz (Bistrița) und Székely-Udvarhely.
Der Zusammenbruch der Monarchie traf Arz nicht unvorbereitet, doch er litt sehr darunter. In ritterlicher Weise nahm er viel von den gegen die Heeresleitung gerichteten Anwürfen auf sich. Eine nach dem unglücklichen Ausgang des Krieges eingesetzte, drei Jahre lang tagende Untersuchungskommission stellte jedoch fest, daß den Generalobersten an diesem Ausgang keine Schuld traf.
Arz selbst wurde ein Opfer des Krieges: da er sein Wiener Domizil nicht aufgab, verweigerte ihm sein nunmehriger Heimatstaat Rumänien den Ruhegehalt. Treue Kameraden und seine Bedürfnislosigkeit halfen ihm über diese unsicheren Jahre hinweg. Jetzt hatte er auch Zeit, ein Buch zu schreiben (Zur Geschichte des Großen Krieges 1914 bis 1918) und mehrere Aufsätze abzufassen.
Nach vielen Jahren fand sich die ungarische Regierung bereit, Arz eine Pension auszuzahlen; allmonatlich mußte er deshalb nach Budapest reisen. Während einer dieser Fahrten erlitt er 1935 in Budapest einen Herzanfall. Wochenlang siechte er dahin, bis er am 1. Juli desselben Jahres starb. Arz wurde mit militärischen Ehren nach evangelischem Ritus auf dem Kerepeser Friedhof begraben.
Arz von Straußenburg widerfuhr ein echtes, altösterreichisches Schicksal: ein Siebenbürger Sachse, der den größten Teil seines Lebens in Wien verbrachte, aber in ungarischer Erde ruht.

WERKE:

Zur Geschichte des Großen Krieges 1914—1918. Wien-Leipzig-München 1924.
Kampf und Sturz der Kaiserreiche. Wien-Leipzig 1935.

LITERATUR:

Cramon, A. von: Der Österreich-ungarische Bundesgenosse im Weltkrieg. Berlin 1920.
Sarkotić, Stefan Freiherr von: Abschiedsworte für G. O. Arz. In: Österreichische Wehrzeitung, Folge 27 vom 5. 7. 1935.
Glaise-Horstenau, Edmund von: In memoriam Generaloberst Arz. In: Österreichische Wehrzeitung, Folge 27 vom 5. 7. 1935.
Kiszling, Rudolf: Generaloberst Artur Freiherr Arz von Straußenburg. In: Große Österreicher. Neue Österreichische Biographie ab 1815. Bd. X, Zürich-Leipzig-Wien o. J. (1957), S. 117—122.
Kiszling, Rudolf: Berühmte Generale der Siebenbürger Sachsen. In: Südostdeutsche Vierteljahresblätter, 11. Jg., München 1962, Folge 4, S. 228—235.
Folberth, Otto: Bedeutende Siebenbürger Sachsen in Österreichs Vergangenheit. In: Festschrift, anläßlich des 100jährigen Bestandes des Vereins der Siebenbürger Sachsen in Wien herausgegeben. Wien o. J. (1971).
o. A.: Arthur Albert Arz von Straußenburg. In: Siebenbürgische Zeitung vom 30. 9. 1973, S. 7.
Ferner: ÖBL, 1, 31.

JOSEPH BEDEUS VON SCHARBERG

Geboren 2. Februar 1783 in Hermannstadt (Sibiu)
Gestorben 6. April 1858 in Hermannstadt (Sibiu)

Joseph Bedeus von Scharberg entstammte einer Familie, deren Vorväter — in der Mitte des 16. Jahrhunderts aus Dänemark eingewandert — über drei Jahrhunderte in Bistritz (Bistriţa) ansässig gewesen waren. Er selbst wurde als Sohn des Gubernialsekretärs Joachim Bedeus am 2. Februar 1783 in Hermannstadt (Sibiu) geboren. Eine sorgfältige Erziehung des hochbegabten Sohnes war dem Vater Herzensangelegenheit; er bestimmte die Richtung seines Bildungsganges. Joseph Bedeus besuchte die Schulen in Hermannstadt und Klausenburg (Cluj); zeitweilig genoß er auch Privatunterricht. Mit Eifer und Fleiß betrieb er Geschichte, Philosophie und die Rechtswissenschaften. Eine längere Reise, die ihn unter anderem nach Wien und Linz führte, beendete seine Studienzeit.
1802 trat Bedeus in den Staatsdienst und war zunächst im Gubernium, später

beim Oberlandeskommissariat zu Hermannstadt angestellt. Bedeus, der in erster Ehe mit Sophie Brenner verheiratet gewesen war, wurde bald Witwer und heiratete 1825 ein zweites Mal, und zwar die Österreicherin Louise von Schwind, verw. Friedrich von Friedenfels, die den nachmalig berühmten Sohn J. A. Eugen Drotleff von Friedenfels (siehe dort!) mit in die Ehe brachte.
Der berufliche Aufstieg Joseph Bedeus' war beachtlich; in Anerkennung seiner Verdienste wurde Bedeus 1827 an die siebenbürgische Hofkanzlei nach Wien berufen, wo er bald zum Gubernialrat aufrückte. Genau zehn Jahre verbrachte Bedeus in der Kaiserstadt, eine Epoche, die auch mit einer wichtigen Wendezeit im inneren Staatsleben zusammentraf: liberale Strömungen begannen sich gegen den Absolutismus durchzusetzen. Eine steile Karriere zeichnet den weiteren äußeren Lebensweg Bedeus' aus. Er erwarb sich Achtung und weites Vertrauen, was sich wiederholt in heiklen Aufträgen widerspiegelt, so etwa seine wichtige Mission 1833 an der Seite des nach Siebenbürgen entsandten kaiserlichen Kommissärs Freiherr von Vlassits. Privat war Bedeus ein eifriger Theater- und Konzertbesucher, wie er auch die Geselligkeit und Gesellschaft liebte, wofür ihm gerade Wien sehr entgegenkam. Trotzdem hielt er seine strenge Lebensweise bei. Der Aufschwung des materiellen Wohlstandes seines Volkes lag ihm am Herzen; so erwirkte er 1835 die Einführung von Grundbüchern. Nachdem ihn seine Landsleute 1837 als Ober-Landes-Kommissär in die Spitze des damaligen Großfürstentums Siebenbürgen in seine Heimat zurückholten, unternahm er auch gleich die ersten Schritte zur Gründung der Altschiffahrts-Gesellschaft. Er war von dem Wunsch geleitet, den durch die Donau-Dampfschiffahrt von Siebenbürgen abgeleiteten Handel in die Levante teilweise wieder zu beleben. Die Gründung einer Zuckerfabrik in Hermannstadt und die Errichtung einer blühenden Baumwollspinnerei in Orlat (beides 1838) gingen auf seine Initiative zurück. Neben seiner mit gründlicher Einsicht geleiteten Geschäfte und seinem einflußreichen Anteil an den Verhandlungen der siebenbürgischen Landesregierung, wurde Bedeus 1842 zum lebenslänglichen Vorstand des Vereins für Siebenbürgische Landeskunde gewählt.
Wenige Jahre vor seinem Tod ernannte Kaiser Franz Joseph I. Bedeus zum Kommandeur des k. k. Leopold-Ordens und erhob ihn in den Freiherrnstand. Bis zuletzt war Bedeus aktiv tätig, sei es im Dienst der Kirche, des k. k. Kultus- und Unterrichts-Ministeriums, des Landeskundevereines. Sein Leben erfüllte sich am 6. April 1858 in Hermannstadt.

WERKE:

Frucht einer 40jährigen Arbeit:
Historisch-genealogisch-geographischer Atlas zur Übersicht der Geschichte des ungarischen Reichs, seiner Nebenländer und der angrenzenden Staaten und Provinzen. Hermannstadt 1851.

LITERATUR:

Friedenfels, Eugen von: Joseph Bedeus von Scharberg. Beiträge zur Zeitgeschichte Siebenbürgens im 19. Jahrhundert. 1. Teil 1783—1847, Wien 1876; 2. Teil 1848—1858, Wien 1877.
Trausch, Joseph: Schriftsteller-Lexikon der Siebenbürger Deutschen. Bd. I, Kronstadt 1875, S. 82—94.
Trausch, Joseph: Schriftsteller-Lexikon der Siebenbürger Deutschen. Bd. III, Kronstadt 1875, S. 554—556.
Schuller, Friedrich: Schriftsteller-Lexikon der Siebenbürger Deutschen. Bd. IV, Hermannstadt 1902, S. 23.
Ferner: ADB, 2, 242—243; W, 1, 219—220; ÖBL, 1, 63.

ERNST FRIEDRICH BEER

Geboren 19. November 1887 in Bistritz (Bistriţa)
Gestorben 7. April 1952 in Wien

Der 1887 in Bistritz (Bistriţa) geborene Bankfachmann Dr. Ernst Friedrich Beer hielt sich seit 1912 als ungarischer Rechtskonsulent, später, nach dem Ersten Weltkrieg, in leitenden Stellungen bei der österreichischen Central-Boden-Creditanstalt in Wien auf. Seine besonderen Verdienste für Österreich fallen in die Anfangs- und Endperiode seines Lebens.
Als Mitglied des Hauptausschusses des unter der Leitung Josef Breitensteins (siehe dort!) stehenden „Vereins zur Erhaltung des Deutschtums in Ungarn“ und als „territorialer Experte“ für westungarische Fragen gehörte Beer der österreichischen Delegation unter dem Staatskanzler Dr. Karl Renner an, die sich im Mai 1919 nach St. Germain zur Aushandlung der Friedensbedingungen begab. Die wichtigsten Unterlagen zur Vertretung des österreichischen Anspruchs auf Westungarn waren von Beer zusammengetragen und der österreichischen Abordnung zur Verfügung gestellt worden. Sie führten schließlich zur Eingliederung des Burgenlandes an Österreich 1921. Somit verhalf ein Siebenbürger Sachse weiten Kreisen der burgenländischen Bevölkerung zur Verwirklichung ihres Wunsches.
Für seine Verdienste als Fachmann in der Burgenlandfrage und für seine Beratungen wurde Beer mit dem „Ehrenzeichen für Verdienste um die Republik Österreich“ ausgezeichnet.
In den 30er Jahren war Beer in seiner Heimat äußerst erfolgreich tätig. Vor allem gelang es ihm, durch geschickt geführte Verhandlungen in der Mediascher und Klausenburger Filiale der Hermannstädter Sparkasse mit den unterschiedlichsten Partnern aller Nationalitäten ins Geschäft zu kommen; er war als einer der tüchtigsten Bankiers der Stadt weitum geehrt und geachtet. Er vermochte dem Geld seiner Bank ungeahnte Anlage- und Wirkungsmöglichkeiten zu schaffen. Zur Zeit des Wiener Schiedsspruchs 1940 saß Beer als Regionaldirektor der fünf Filialen der inzwischen Vereinigten Kronstädter und Hermannstädter Allgemeinen Sparkassa in Bistritz. Alle seine weitreichenden Pläne, die besonders dem nordsiebenbürgischen Landesteil zugute kommen sollten, wurden zunichte gemacht, als 1944 Bistritz in russische Hände fiel.
Nach dem Zusammenbruch des Zweiten Weltkrieges nach Österreich verschlagen, gründete Beer im Sommer 1945 in Ried i. I. die „Zentrale Kanzlei zur Heimbeförderung der Evakuierten aus Rumänien“; es sollte die Keimzelle der heutigen Landsmannschaft der Siebenbürger Sachsen in Österreich werden.
Beer nahm von Oberösterreich aus die erste Bestandsaufnahme der Siebenbürger Sachsen in Österreich vor. Wie sehr ihm das Schicksal seiner Landsleute am Herzen lag, kommt darin zum Ausdruck, daß er den Verhandlungen mit der rumänischen Repatriierungskommission vorstand und mit großer Energie in Wien bei den Regierungsstellen für die Sicherung und den Einbau der Gruppe der Siebenbürger Sachsen in Österreich eintrat. Von seinem früheren Wirken kannte er Österreich und dessen Mentalität. Diese Kenntnis machte sich Beer bei seinen unermüdlichen Verhandlungen zunutze, die letzten Endes sowohl für Österreich

wie auch für die in ihm lebenden Siebenbürger Sachsen positiv ausschlugen. Er war Mitglied des österreichischen Flüchtlingsbeirates. Ernst Friedrich Beer starb am 7. April 1952 in Wien.

LITERATUR:

Klein, Karl Kurt: Dr. Ernst Friedrich Beer zum Gedächtnis. In: Siebenbürgische Zeitung vom 15. 5. 1952, S. 5.

Folberth, Otto: Vorkämpfer des Selbstbestimmungsrechtes. Siebenbürger Sachsen — Mitschöpfer des Burgenlandes. In: Siebenbürgische Zeitung vom 15. 12. 1961, S. 7—8.

Folberth, Otto: Bedeutende Siebenbürger Sachsen in Österreichs Vergangenheit. In: Festschrift. Hrsg. anläßlich des 100jährigen Bestandes des Vereins der Siebenbürger Sachsen in Wien. Wien o. J. (1971).

FRIEDRICH MARTIN BERWERTH

Geboren 16. November 1850 in Schäßburg (Sighişoara)
Gestorben 22. September 1918 in Wien

Friedrich Martin Berwerth wurde als Sohn eines Apothekers am 16. November 1850 in Schäßburg (Sighişoara) geboren. Mit den Studien am Gymnasium seiner Vaterstadt verband er die pharmazeutischen Vorstudien in der Apotheke des Vaters. 1869 begann er an der Wiener Universität seine Studien aus Mineralogie, Chemie, Experimentalphysik, Botanik und Zoologie, die er in Graz fortsetzte, wo er sich auch den Magistertitel in Pharmazie erwarb. Zur weiteren Ausbildung der Chemie ging Berwerth nach Heidelberg, wo er im Laboratorium des Geheimrates Bunsen arbeitete und dessen Vorlesungen hörte. 1873 promovierte Berwerth zum Doctor philosophiae insigni cum laude. Nach kurzem Besuch in der Heimat kehrte er 1874 nach Wien zurück und wurde Assistent an der Lehrkanzel für Mineralogie und Petrographie bei Hofrat Gustav Tschermak. Noch im selben Jahr trat er als Assistent am Hofmineralienkabinett ein. Berwerth, der von den Professoren Tschermak und Ernst Ludwig sehr gefördert wurde, war ständig forschend und lernend tätig und als fleißiger und erfolgreicher Wissenschaftler bekannt. Durch die Heirat mit Emilie Frankl trat er auch noch mit deren Onkel, dem großen Geologen Eduard Suess, und dessen Kollegen sowie Schwiegersohn Melchior Neumayr in verwandtschaftliche Beziehungen. Bei Suess hörte er nicht nur Vorlesungen, sondern nahm auch an den Referierabenden teil. Begeistert machte er auch bei weiten Großexkursionen von Suess und dessen Schülern mit, die ihn durch Südtirol, die Schweiz und Italien bis Sizilien führten. Er selbst besuchte die Hohe Tatra, die Bergwerke in der Slowakei, das Siebengebirge, Hüttenberg in Kärnten, den Donaudurchbruch am Eisernen Tor und seine Siebenbürger Heimat.

1885 erhielt Berwerth die Stelle eines Kustosadjunkten am Wiener Naturhistorischen Museum, wo er später Kustos und wieder etwas später Vorstand der mineralogisch-petrographischen Abteilung wurde. Im Jahre 1885 war auch seine Arbeit über die Gesteine von Jan Mayen abgeschlossen, die er 1888 mit weiteren 30 Aufsätzen zur Habilitierung einreichte. Daran schloß sich eine längere Diskussion, ob Berwerth als gebürtiger Siebenbürger nicht Ausländer sei. Mit dem Hinweis, daß er auch als Siebenbürger „Untertan Seiner Majestät“ sei, wurde seinem Gesuch stattgegeben und Berwerth wurde Privatdozent für Petrographie an der Universität Wien. Während seiner Tätigkeit vollzog sich die Trennung von Mineralogie und Petrographie, für die ein eigener Lehrstuhl errichtet und auf den Berwerth als Lehrbeauftragter berufen wurde.

1891 begab sich Berwerth nach Heidelberg, um sich dort mit den neuesten Kenntnissen in der Petrographie vertraut zu machen, und reiste auch nach Paris, um die dortigen Sammlungen und wissenschaftlichen Institute zu studieren. Berwerths Tüchtigkeit und seine Bedeutung als Wissenschaftler veranlaßten die Intendanz des Naturhistorischen Museums wie auch der Akademie der Wissenschaften, ihn mit der geologisch-petrographischen Aufnahme eines Durchschnittes durch den östlichen Zentralkamm der Alpen in der Ankogelgruppe zu betrauen.

1894 erfolgte die Ernennung zum außerordentlichen Professor und erst 1910,

durch finanzielle Schwierigkeiten immer wieder hinausgezögert, zum ordentlichen Professor für Mineralogie und Petrographie.
Berwerth, der sich völlig in Wien einlebte, nahm am Leben seiner Landsleute in Wien regen Anteil; so wurde er schon 1887 zum Vorstand der Sektion „Wien" des siebenbürgischen Karpatenvereines gewählt.
Am 22. September 1918 starb er in seiner Wahlheimat.

WERKE:

Zahlreiche Abhandlungen in einschlägigen Zeitschriften. Stellvertretend seien genannt:
Ein neuer Fundort von Pharmakosiderit. In: Tschermaks mineralog. Mittlg., 1875.
Salze von Königsberg in Ungarn. Ebenda, 1875.
Untersuchungen zweier Magnesiaglimmer. Ebenda, 1877.
Kommt Nephrit in den Alpen vor? In: Neues Jahrbuch für Mineralogie, I, 1881.
Nephrit aus dem Sannfluß, Untersteiermark. In: Mittlg. d. Anthropolog. Gesellschaft, XIII, 1883.
Über Gesteine von Jan Mayen. Wien 1886.
Dritter Nephritfund in Steiermark. In: Mittlg. d. naturwiss. Vereines für Steiermark, 1887.
Ausflüge im Siebenbürgischen Erzgebirge, Reisebericht. In: Annalen des naturhist. Mus., III, 1888.
Altkrystallinische Gesteine im Wiener Sandstein. Ebenda, V, 1890.
Über vulkanische Bomben von den Kanarischen Inseln. Ebenda, IX, 1894.
Goethe und der Wiener Edelsteinstrauß. In: Chronik des Wiener Goethevereins, XIII, 1899.
Oberflächenstudien an Meteoriten. In: Tschermaks mineralog. Mittlg., 1910.
Über Topasgesteine von Joachimsthal und Mariaschein im böhmischen Erzgebirge. Ebenda, 1917.

LITERATUR:

Schuller, Friedrich: Schriftsteller-Lexikon der Siebenbürger Deutschen. Bd. IV, Hermannstadt 1902, S. 40—43.
Mecenseffy, Grete: Evangelische Lehrer an der Universität Wien. Graz-Wien-Köln 1967, S. 239 bis 241.
Ferner: ÖBL, 1, 77.

ARTUR BETZ

Geboren 14. März 1905 in Sächsisch-Regen (Reghin)

Artur Betz wurde am 14. März 1905 in Nordsiebenbürgen, Sächsisch-Regen (Reghin), als Sohn des Leutnant Kajetan Betz und dessen Frau Berta, geborene Göllner, geboren. In Schäßburg (Sighişoara) besuchte er das Bischof-Teutsch-Gymnasium und studierte anschließend Alte Geschichte in Wien.
1939 habilitierte er sich hier mit seinen wertvollen „Untersuchungen zur Militärgeschichte der römischen Provinz Dalmatien", die er in Verbundenheit zu Siebenbürgen seinem ehemaligen Gymnasium widmete.
Ein Jahr nach seiner Heirat mit Dr. Josefine Reihons wurde Betz 1946 außerordentlicher Professor und 1948 ordentlicher Professor der römischen Geschichte und Altertumskunde sowie zum Mitvorstand des Institutes für Alte Geschichte, Archäologie und Epigraphik an der Universität Wien ernannt.
Betz, der aus der altehrwürdigen Schule des Wiener Archäologisch-epigraphischen Seminars hervorgegangen ist und insbesondere bei R. Egger, J. Keil und A. Wilhelm studiert hatte, gilt heute als einer der besten lateinischen Epigraphiker. Seine Arbeiten über Österreichs römische Vergangenheit, über Südosteuropa, vor allem Thrakien, und über oft schwierig zu deutende epigraphische Denkmäler zeigen ihn als würdigen Vertreter dieser berühmten von O. Hirschfeld und E. Biermann begründeten Wiener epigraphischen Schule, die sich vor allem auch mit der antiken Vergangenheit Südosteuropas beschäftigte.

LITERATUR:

Saria, Balduin: Universitätsprofessor Dr. Artur Betz 60 Jahre. In: Südostdeutsche Vierteljahresblätter, 14. Jg., München 1965, Folge 3, S. 179—180.

JOSEF BREITENSTEIN

Geboren 1868 in Hermannstadt (Sibiu)
Gestorben 1951

Der 1868 in Hermannstadt (Sibiu) geborene Josef Breitenstein ließ sich als Seidenwarenfabrikant in Wien nieder. Dort war er seit 1967 Obmann des „Vereins zur Erhaltung des Deutschtums in Ungarn". In dieser Funktion trachtete Breitenstein vor allem, die Deutschen im damaligen Westungarn im angestammten Volkstum zu bestärken, wobei er auch bedeutende materielle Opfer brachte. Dank seiner Tätigkeit machte der Verein, der zahlreiche Ortsgruppen in Österreich und eine sogar im Ausland besaß, bald darauf Geschichte, als die von ihm gesteuerte öffentliche Meinung wesentlich dazu beitrug, daß 1919 bei den Friedensverhandlungen von St. Germain der von Deutschen bewohnte Gebietsstreifen Westungarns Österreich zugesprochen wurde. Als Dank dafür verlieh die Burgenländer Landsmannschaft in Wien Breitenstein die Ehrenmitgliedschaft. Sein Bild und seine Lebensdaten schmücken die „Ehrentafel der Vorkämpfer für den Anschluß des Burgenlandes in Österreich".

LITERATUR:

Folberth, Otto: Vorkämpfer des Selbstbestimmungsrechtes. Siebenbürger Sachsen — Mitschöpfer des Burgenlandes. In: Siebenbürgische Zeitung vom 15. 12. 1961, S. 7—8.
Folberth, Otto: Bedeutende Siebenbürger Sachsen in Österreichs Vergangenheit. In: Festschrift. Hrsg. anläßlich des 100jährigen Bestandes des Vereins der Siebenbürger Sachsen in Wien. Wien o. J. (1971).

WOLFRAM ARNOLD BRUCKNER

Geboren 17. Mai 1903 in Hermannstadt (Sibiu)

Der Enkel des Reichstagsabgeordneten, königlichen Rates und Anwalts der Nationsuniversität Dr. Wilhelm Bruckner und Sohn des Oberstuhlrichters und Landeskonsistorialrates in Reußmarkt (Miercurea Sibiului) Dr. Arnold Bruckner und dessen Gattin Bertha, geborene Nendwich, Wolfram Bruckner, wurde am 17. Mai 1903 in Hermannstadt (Sibiu) geboren. Hier besuchte er auch das Brukenthal-Gymnasium; nach der Matura 1921 studierte er in Innsbruck an der Medizinischen Fakultät. Schon damals stellte sich Bruckner als Vorsitzender von Studentenvereinigungen in den Dienst der Gemeinschaft. 1926 promovierte er und absolvierte die Approbation in Bukarest. Nach seinem Militärdienst machte Bruckner von 1928 bis 1933 seine Facharztausbildung für Chirurgie und Orthopädie in Berlin und Lübeck. In den selben Fächern arbeitete er ab 1933 am Martin-Luther-Krankenhaus in Hermannstadt.

Aus der Jugendarbeit wuchs Bruckner in die Volksarbeit hinein. 1934 wurde er in den Kreisrat Hermannstadt, in den Gaurat von Siebenbürgen und schließlich in den Volksrat der Deutschen in Rumänien gewählt. 1939 bis 1940 war er der letzte durch freie Wahl bestellte Leiter der „Deutschen Volksgemeinschaft in Rumänien". Während dieser Zeit beteiligte er sich auch an den großangelegten Hilfsmaßnahmen für die durch die Mißernte schwer heimgesuchten Beßarabiendeutschen. Bruckner trat ein für eine eigenständige und selbstverantwortliche Politik seiner Volksgruppe; als diese von Berlin her 1940 unter Befehl genommen wurde, entfernte man ihn sofort aus der Führung.

Während des Zweiten Weltkrieges diente Bruckner zunächst als Militärarzt im Hauptmannsrang der rumänischen Armee (16. rumänisches Feldlazarett) und geriet mit dem rumänischen Kavalleriekorps bis in den Kaukasus. Später war Bruckner als Chirurg und zeitweiliger Kompaniechef bei den Sanitätskompanien der Division „Prinz Eugen" im Majorsrang eingesetzt. 1945 geriet Bruckner in jugoslawische Kriegsgefangenschaft, aus der er 1949 nach Österreich entlassen wurde; er ließ sich in Linz, Oberösterreich, nieder.

Die Jahre nach der Entlassung dienten vor allem dem Aufbau einer neuen Existenz und der Sicherung seiner 1951 mit Ulrike, geborene Jahn, gegründeten Familie. Doch schon 1949 konnte Bruckner mit Hilfe der Amerikaner in Linz eine Fach-Ambulanz einrichten, wo Volksdeutsche kostenlos beraten und behandelt wurden. Obwohl sich Bruckner weitgehend aus jeder Tätigkeit in öffentlichen Gremien heraushielt, stellte er sich doch immer wieder seiner Landsmannschaft selbstlos zur Verfügung. 1953 bis 1954 war er Vorsitzender der Zentralberatungsstelle der Volksdeutschen für Oberösterreich (dieses Land hat nach dem Krieg die meisten Flüchtlinge von ganz Österreich aufgenommen) und wurde im selben Jahr in den Bundesrat der Siebenbürger Sachsen in Österreich und dort in das dreigliedrige Präsidium gewählt.

Lag Bruckners Tätigkeit im Dienste der Allgemeinheit vornehmlich in der alten Heimat, so hat er sich auch in Österreich besonders in den Nachkriegsjahren immer wieder aktiv und bescheiden in den Dienst seiner Landsleute und darüber hinaus der gleichermaßen Betroffenen gestellt.

Heute lebt Wolfram Bruckner mit seiner Frau und den beiden Töchtern in Linz als Facharzt für Orthopädie.

LITERATUR:

Das Schicksal der Deutschen in Rumänien (= Dokumentation der Vertreibung der Deutschen aus Ost-Mitteleuropa. Hrsg. vom Bundesministerium für Vertriebene, Flüchtlinge und Kriegsgeschädigte. Bd. III). Berlin o. J. (1957), S. 35 E.

Hartl, H.: Das Schicksal des Deutschtums in Rumänien (1938—1945—1953). (= Beihefte zum Jahrbuch der Albertus-Universität Königsberg/Pr. Bd. XIV). Würzburg 1958.

A. H.: Dr. Wolfram Bruckner 60 Jahre. In: Siebenbürgische Zeitung vom 15. 5. 1963, S. 2.

o. A.: o. T. In: Südostdeutsche Vierteljahresblätter, 12. Jg., München 1963, Folge 3, S. 177—178.

Miege, W.: Das Dritte Reich und die Deutsche Volksgruppe in Rumänien 1933—1938 (= Europäische Hochschulschriften, Bd. 18). Bern-Frankfurt 1972.

Kupferstich von 1779

SAMUEL BARON FREIHERR VON BRUKENTHAL

Geboren 26. Juli 1721 in Leschkirch (Nocrich)
Gestorben 9. April 1803 in Hermannstadt (Sibiu)

Eine der hervorragendsten Persönlichkeiten in Siebenbürgens über 800jähriger Geschichte, wohl der erfolgreichste Siebenbürger Sachse als Politiker und Staatsmann, war Samuel Baron von Brukenthal. Am Denkmal der Kaiserin Maria Theresia in Wien befindet er sich mit Recht unter den Paladinen der großen Herrscherin. Brukenthal war unter vier Töchtern und zwei Söhnen das jüngste Kind des Leschkircher Königsrichters Michael Breckner. Er wurde am 26. Juli 1721 in Leschkirch (Nocrich) noch als Bürgerlicher geboren; schon als alle Kinder auf der Welt waren, wurde der Vater mit dem Adelstitel „von Brukenthal" ausgezeichnet.

Brukenthal besuchte das Hermannstädter evangelische Gymnasium, studierte die vaterländischen Rechte in M.-Vásárhely und trat 1741 in den Staatsdienst. Wenig später verließ er diesen und zog auf die Universität nach Halle, um dort juristische und staatswissenschaftliche Studien zu betreiben.
1745 heiratete er in Hermannstadt die Tochter des Provinzialbürgermeisters Daniel von Kloknern und vermögende Enkelin eines Sachsengrafen, Sophie Katharina. Das einzige Kind aus dieser Ehe, ein Töchterchen, starb noch sehr klein. Zu dieser Zeit bekleidete Brukenthal eine Stelle beim Hermannstädter Magistrat.
Am 25. März 1753 stand er als Abgesandter der sächsischen Nationsuniversität zum ersten Mal vor der Kaiserin Maria Theresia in Wien. Sie erkannte frühzeitig seine Fähigkeiten und ermöglichte ihm neben der Verleihung des Baronats (für ihn, seine Gattin und seine Nachkommen) sowie mehrerer Orden eine steile berufliche Laufbahn, die ihn über den Gubernialsekretär, den Provinzialkanzler (= Vorsitzender des Siebenbürgischen Landtages) und den Vorsitzenden der Siebenbürgischen Hofkanzlei in Wien bis hin zum Statthalter (= Gubernator) der Kaiserin in Siebenbürgen führte. Der geborene Diplomat, Weltmann, Staats- und Volksmann genoß uneingeschränktes Vertrauen der Kaiserin, die ihm sogar Rechte der Beratung einräumte, die über Brukenthals siebenbürgischen Wirkungskreis weit hinausgingen und selbst in menschlichste Bereiche ihres Kaisertums ragten.
Brukenthal, eine ungewöhnlich schöne Erscheinung, hatte sich ein reiches Wissen erworben, das mit Klugheit, Energie und seltenem Adel der Gesinnung gepaart war. Die Klarheit, mit der er seine Gedanken darzulegen wußte, hat nicht nur Maria Theresia stets mit Bewunderung erfüllt, auch seine Feinde mußten ihm eingestehen, daß er wie kein anderer die verwickelten Verhältnisse Siebenbürgens auch Nichteingeweihten verständlich zu machen verstand. Die treibende Kraft in ihm war ein scharf ausgeprägtes Pflichtgefühl. So sehr er Maria Theresia verpflichtet war, so ließ er doch nie Zweifel daran, daß er sich als Vertreter und Verteidiger seines Volkes betrachtete.
Das vertrauliche und offene Verhältnis zu seiner Kaiserin ist um so bemerkenswerter, als sich Brukenthal dem dringenden und ausdrücklichen Wunsch der Kaiserin nicht beugen konnte, zum katholischen Glauben überzutreten. Er war der einzige Protestant in nächster Umgebung der Kaiserin. Nur zu bekannt sind seine Worte: Fidem genusque servabo (meinem Glauben und meinem Volk bleibe ich treu).
Bei allen politischen Fragen handelte es sich im Grunde um die Freiheit der Sachsen, um die Frage des Bestandes als politische Nation. Unter anderem wurde Brukenthal zu Beratungen bei Verhandlungen über die siebenbürgische Militärgrenze herangezogen; er führte seine Landsleute aus einem großen Schuldentief, entwickelte ein neues Steuersystem, verhinderte die Zerschlagung des Königsbodens und die Verdammung der freien Siedler zu Hörigen, wehrte sich gegen zudringliche Bekehrungsversuche der katholischen Kirche in seinem Land und förderte das Schulwesen; dem armen Frecker (Avrig) Knaben Gheorge Lazar, der dem rumänischen Volk später die ersten Volksschulen brachte, ermöglichte Brukenthal ein Studium. Auch wissenschaftliche Arbeiten der Zeit fanden in ihm

den mittel- und unmittelbaren Förderer. Brukenthal selbst war zugleich der bedeutendste sächsische Historiker seiner Zeit, was seine Staatsschriften beweisen. Unermüdlich war er tätig, Handel und Gewerbe, Landwirtschaft und Viehzucht zu heben, Leute ins Ausland zu schicken, um den allgemeinen Gesichtskreis zu erweitern und Erneuerungen und Verbesserungen seinem Volk dienstbar zu machen. Die Zeit seines Wirkens wurde „Siebenbürgens goldene Zeit".

Nach dem Tode Maria Theresias (1780) kam es sehr bald zu Unstimmigkeiten zwischen Josef II. und dem alternden Gubernator, besonders gelegentlich der mehrmaligen Bereisung Siebenbürgens durch den Kaiser. Schließlich wurde Brukenthal 1787 unter kränkenden Umständen seines Amtes enthoben.

Die nachfolgenden Jahre verbrachte er in seinem Schloß in Freck (Avrig) oder in seinem Palais in Hermannstadt, wo er der Verwaltung seines ausgebreiteten Besitztums nachkam und sich mit der Vermehrung und Ausgestaltung der schon während seines Wiener Aufenthaltes begonnenen Sammlungen von Büchern (19.000 bis 20.000 Bände), Manuskripten, Bildern (darunter Originale von Reni, Rubens, Dürer, van Eyck, Memling, Breughel, Jordaens, Teniers u. a. m.), Kupferstichen, Münzen, Medaillen und Mineralien befaßte.

Als Brukenthal am 9. April 1803 in Hermannstadt 81jährig starb, vermachte er einen Großteil seines Vermögens, sein großzügig und stilvoll gebautes Barockpalais und Schloß, die riesige Bibliothek und Gemäldesammlung, die unerhörte Werte darstellten, seinem Volk. Heute befindet sich die Sammlung zwar in rumänischem Staatsbesitz, kündet aber doch als „Brukenthal-Museum" von dem einstigen geschichtlich bedeutsamen Wirken Brukenthals.

LITERATUR:

Schaser, Johann Georg: Denkwürdigkeiten aus dem Leben des Freiherrn Samuel von Brukenthal, Gubernators von Siebenbürgen. Hermannstadt 1848.

Trausch, Joseph: Schriftsteller-Lexikon der Siebenbürger Deutschen. Bd. I, Kronstadt 1875, S. 188—197.

Schuller, Friedrich: Schriftsteller-Lexikon der Siebenbürger Deutschen. Bd. IV, Hermannstadt 1902, S. 64.

Herbert, Heinrich: Briefe an den Freiherrn Samuel von Brukenthal. In: Archiv des Vereins für siebenbürgische Landeskunde. NF XXXI, H. 1, Hermannstadt 1903, S. 7—369.

Csaki, M. und Teutsch, Fr.: Samuel von Brukenthal. Zwei Vorträge. Weihnachtsgabe für die Schüler des evangelischen Gymnasiums A. B. und der damit verbundenen Realschule. 2. Auflage, Hermannstadt 1903.

Handwörterbuch des Grenz- und Auslandsdeutschtums. Hrsg. von C. Petersen, O. Scheel, P. H. Ruth, H. Schwalm. Bd. I ,Breslau 1933, S. 550—551 (gez. G. A. Schuller).

Gorgias, Hermann G.: Samuel, Freiherr von Brukenthal. In: Wir Siebenbürger (= Heimat im Herzen). Salzburg o. J. (1949), S. 146—151.

Teutsch, Friedrich: Kleine Geschichte der Siebenbürger Sachsen. Hrsg. vom Arbeitskreis für Siebenbürgische Landeskunde, mit einem Nachwort von Andreas Möckel. Darmstadt 1965, bes. S. 147 ff.

Schuller, Georg Adolf: Samuel von Brukenthal (= Buchreihe der Südostdeutschen Historischen Kommission. In Verbindung mit K. K. Klein und Balduin Saria, hrsg. von Theodor Mayer. Bd. 18). 2 Bände, München 1967 und 1969.

Ferner: ADB, 3, 395—397; W, 2, 168—169.

VIKTOR CAPESIUS

Geboren 9. Dezember 1867 in Hermannstadt (Sibiu)
Gestorben 3. März 1953 in Wien

Der in Hermannstadt (Sibiu) geborene Viktor Capesius kam schon in frühestem Alter 1869 mit seinen Eltern nach Wien, wo sein Vater, ebenfalls VIKTOR CAPESIUS (geboren 1839 in Hermannstadt, gestorben 1903 in Wien), bald zu den geachtetsten Rechtsanwälten zählte. Auch entfaltete bereits der Vater als Presbyter von Wien, als niederösterreichischer Seniorats- und Superintendentialkurator sowie als Mitglied dreier evangelischer Generalsynoden eine hervorragende Tätigkeit innerhalb der evangelischen Kirche Österreichs. In seiner kirchlichen Stellung war er Verfasser mehrerer an die Reichsvertretung gerichteten Petitionen, in welchen der Schutz und die Hilfe des Parlaments gegen mehrfache der evangelischen Kirche Österreichs widerfahrene Rechtsverletzungen angerufen wurden. Der Sohn wurde Richter, zunächst in Neunkirchen, später in Wien. Im Laufe der

Zeit übte Capesius hohe richterliche Funktionen aus, erhielt den Titel Hofrat und wurde 1934 sogar in den Staatsrat berufen. In den Jahren 1925 bis 1938 stand Capesius als Präsident des evangelischen Oberkirchenrates A. und H. B. an der Spitze der evangelischen Kirche Österreichs.

Capesius' Amtstätigkeit fiel in eine bewegte Zeit des Neuaufbaues Restösterreichs nach dem Ersten Weltkrieg. Zunächst galt es, die neue Kirchenverfassung zu schaffen, die den veränderten Verhältnissen Rechnung trug, wie sie durch den Zusammenbruch der Donaumonarchie in Österreich entstanden waren. Dann mußte sich die evangelische Kirche sehr bald gegenüber Bedrängnissen zur Wehr setzen, die in rascher Aufeinanderfolge von zwei verschiedenen Seiten gegen sie ausgelöst wurden: vom Austrofaschismus der autoritär-klerikalen Regierung Dollfuß auf der einen und vom kirchenfeindlichen Nationalsozialismus auf der anderen Seite. Bei Capesius suchte bald die eine Gruppe der Verfolgten, bald die andere Zuflucht. Nun zeigte es sich, daß er von strengstem Rechtsgefühl beherrscht war. Er blieb bis zum letzten Augenblick korrekt, gütig und einsichtsvoll. Undank und Kränkungen nahm er schweigend zur Kenntnis. Die Treue zu Österreich und die Treue zur evangelischen Kirche hatten eine vollkommene Synthese in ihm eingegangen.

Hochbetagt starb Viktor Capesius am 3. März 1953 in Wien.

LITERATUR:

Schuller, Friedrich: Schriftsteller-Lexikon der Siebenbürger Deutschen. Bd. IV, Hermannstadt 1902, S. 70—71.

May, Gerhard: Nachruf auf Dr. Viktor Capesius. In: Amtsblatt der Evangelischen Kirche A. und H. B. in Österreich vom 17. 3. 1953.

Folberth, Otto: Siebenbürgische Gestalten in der evangelischen Kirche Österreichs. In: Siebenbürgisch-sächsischer Hauskalender, Jahrbuch 1962, S. 81—85.

Folberth, Otto: Schützenhilfe aus Siebenbürgen für die evangelische Kirche in Österreich. Eine wenig bekannte Episode um das Protestantenpatent. In: Glaube und Heimat. Evangelischer Kalender für Österreich. Wien 1962, 16. Jg., S. 82—86.

MARTIN CAPINIUS, genannt Siebenbürger

Geboren in Hermannstadt (Sibiu), Ende 15. Jahrhundert
Gestorben 11. August 1522 in Wiener Neustadt

Martin Capinius (Capini, Capinis), ein gebürtiger Hermannstädter, wird in manchen Urkunden auch „Doctor Siebenbürger" genannt. Er war Zeit- und Gesinnungsgenosse Luthers sowie ein gelehrter Humanist und Jurist.
Capinius hatte in Wien studiert und war 1503 Prokurator der „Ungarischen Nation" an der Universität und dreimal Dekan der Juridischen Fakultät. In den Jahren 1512 bis 1517 und 1522 war er Stadtrichter und wurde 1521 zum Bürgermeister von Wien ernannt. Er war ein Mann nicht nur der Feder, sondern auch der Tat. So forderte er unbedingte Sauberkeit im öffentlichen Leben. Nach dem Tode Kaiser Maximilians I. (1519) verteidigte Capinius mutig die vom obersten Reichsregiment mehr und mehr mißachteten alten bürgerlichen Ständefreiheiten gegen die absolutistischen Herrschaftsansprüche der Habsburger. Er entwarf eine neue Regierungsform nach reichsstädtischem Muster; in dieser Mission reiste er sogar zu Karl V. nach Spanien, doch blieben auch wiederholte Deputationen ohne Erfolg. Ferdinand I., der nach der Länderteilung mit seinem Bruder Kaiser Karl V. in den Jahren 1521 bzw. 1522 ganz Österreich und sämtliche deutsche Länder des Habsburgischen Hauses übernahm, bezichtigte Capinius und seine Genossen des Aufstandes und Umsturzes und lud sie vor ein Strafgericht nach Wiener Neustadt. Der Wiener Bürgermeister, der sich ebenso wie seine Mitstreiter weigerte, um Gnade zu bitten, mußte mit acht anderen das Schafott besteigen.
An Martin Capinius erinnert eine Gedenktafel an einem Pfeiler der Vorderfront des Wiener Rathauses mit der Inschrift:
„Dem Vorkämpfer für die Freiheit Wiens und die Rechte der Stände Österreichs gegen Fürstenwillkür Dr. Martin Capini, genannt Martin Siebenbürger, 1521 Bürgermeister von Wien, unter Ferdinand I. in Wiener Neustadt enthauptet am 11. August 1522, setzte diesen Stein die Stadt Wien zur 400. Wiederkehr seines Todestages. Errichtet unter Bürgermeister Jakob Reumann."
Der „gelehrte Dr. Siebenbürger" hinterließ eine Witwe und vier Kinder. In dritter Generation soll diese Familie in Wien ausgestorben sein.

LITERATUR:
Hormayr, Josef: Wien, seine Geschichte und seine Denkwürdigkeiten. 2 Jahrgänge, 9 vol., Wien 1823—1825.
Trausch, Joseph: Schriftsteller-Lexikon der Siebenbürger Deutschen. Bd. I, Kronstadt 1875, S. 205—212.
Weiß, Karl: Geschichte der Stadt Wien. 2. Auflage, Wien 1883, Bd. 1, S. 8, 15, 19, 20, 25, 29, 365, 366.
Schuller, Friedrich: Schriftsteller-Lexikon der Siebenbürger Deutschen. Bd. IV, Hermannstadt 1902, S. 72.
Schimmer, Karl Eduard: Alt- und Neu-Wien. 2. Auflage, Wien-Leipzig 1904, Bd. 1, S. 507, 537—543.
Tietze, Hans: Wien. Kultur, Kunst und Geschichte. Wien 1931, S. 157 ff.
Klein, Karl Kurt: Literaturgeschichte des Deutschtums im Ausland. Schrifttum und Geistesleben der deutschen Volksgruppen im Ausland vom Mittelalter bis zur Gegenwart. Leipzig 1939, S. 48.
Folberth, Otto: Festschrift, hrsg. anläßlich des 100jährigen Bestandes des Vereins der Siebenbürger Sachsen in Wien. Wien o. J. (1971).
Ferner: ADB, 3, 771—772.

FRANZ CONRAD

Geboren 1797 in Leschkirch (Nocrich)
Gestorben 15. Dezember 1846 in Wien

Der 1797 geborene Leschkircher Königsrichtersohn Franz Conrad entstammte einem altsächsischen Geschlechte, das mit den Familien von Brukenthal, Czekelius von Rosenfeld, Soterius von Sachsenheim, Trausch von Trauschenfels, Conrad von Conradsheim, Kiszling u. a. m. verwandt war. Franz Conrad bekleidete als kluger Diplomat die angesehene Stellung eines Hofagenten der königlich-siebenbürgischen Hofkanzlei in Wien, wo er gleichzeitig Bevollmächtigter der Sächsischen Nation war. Die Hofkanzlei war jene österreichische Zentralregierungsstelle für Siebenbürgen, von der aus damals die Geschicke des entfernten habsburgischen Kronlandes gelenkt wurden.
Zur Zeit der ersten Vereinsgründungen in Siebenbürgen fand 1843 unter Conrad's Vorsitz in Kronstadt (Brașov) eine Beratung von 25 Männern statt, die mit

dem Entschluß, einen Landwirtschaftsverein ins Leben zu rufen, der gesunkenen siebenbürgischen Landwirtschaft durch zweierlei Mittel aktiv entgegen zu treten versuchten: 1. durch die Gründung von Musterwirtschaften, 2. durch die Ansiedlung tüchtiger Landwirte aus Deutschland. Unter diesen 25 Männern befand sich auch Stephan Ludwig Roth (siehe dort!), mit dem Conrad, seine Frau Charlotte, geborene Plecker aus Kronstadt, sowie seine besonders auf dem Gebiete der Malerei begabte Tochter Marie eine ab diesem Zeitpunkt lebenslange und intensive Freundschaft verband.

Conrad versuchte nun von Wien aus, das geplante Unternehmen zu Gunsten seiner Landsleute zu fördern; doch seine Geduld sollte auf harte Proben gestellt werden. Schon die Bestätigung der Vereinsstatuten durch die Regierung ließ jahrelang auf sich warten, so lange, bis dem verzweifelten, für diese Sache glühenden Conrad die Geduld riß und er, nach Rücksprache mit einigen Gesinnungsgenossen, 1845 St. L. Roth bat, eine Reise nach Württemberg zu unternehmen und die Kolonisation — notfalls auch ohne genehmigte Vereinsstatuten — in die Wege zu leiten.

Die Schwabenansiedlung in Siebenbürgen war die eine bedeutende völkische Angelegenheit, die Roth und Conrad miteinander verband. Die andere war die Sachsengrafen-Wahl 1845, der sich auch Conrad neben fünf weiteren Anwärtern auf die Komeswürde stellte. St. L. Roth warb für seinen Freund und Kampfgefährten in Wort und Schrift, doch die endgültige Wahl fiel auf Franz von Salmen, was Conrad aufs tiefste traf. Dieser Schlag sowie die Anfeindungen und schweren Vorwürfe politischer Gegner, die ihn und Roth wegen seiner von ihnen so ideell gedachten und aufs beste in Fluß gekommenen, wichtigen Kolonisation in Verruf brachten, setzten dem sensibleren Conrad stark zu; er brach unter ihnen zusammen. Conrad starb am 15. Dezember 1846 in Wien an einem Herzschlag.

LITERATUR:

Folberth, Otto: St. L. Roth schreibt einer Neunzehnjährigen. In: Südostdeutsche Vierteljahresblätter. 8. Jg., München 1959, Folge 2, S. 88—96.
Folberth, Otto: Der Prozeß Stephan Ludwig Roth. Ein Kapitel Nationalitätengeschichte Südosteuropas im 19. Jahrhundert (= Veröffentlichungen der Arbeitsgemeinschaft Ost. Bd. 1). Graz-Köln 1959, bes. S. 57—61.
Folberth, Otto: Stephan Ludwig Roth und das Schwabenland. Das Wagnis einer siebenbürgisch-schwäbischen Kolonisation. In: Schwäbische Heimat. 20. Jg., Stuttgart 1969, H. 3, S. 181—188.

EUGEN DROTLEFF VON FRIEDENFELS

Geboren 23. Dezember 1819 in Hermannstadt (Sibiu)
Gestorben 31. Jänner 1885 in Wien

Eugen Drotleff von Friedenfels wurde als Enkel des unter Verleihung des Prädikates „Friedenfels“ 1816 in den siebenbürgischen und ungarischen Adelstand erhobenen Senators und Stuhlrichters in Hermannstadt Martin Drotleff und als Sohn des im königlichen siebenbürgischen Oberlandeskommissariats wirkenden Friedrich Drotleff von Friedenfels am 23. Dezember 1819 in Hermannstadt (Sibiu) geboren. Seine Mutter Luise, geborene von Schwind, entstammte einer österreichischen Familie, der auch der bekannte Maler Moritz Ritter von Schwind angehörte.
Mit drei Jahren verlor Eugen seinen Vater; seine Mutter vermählte sich 1825 mit dem späteren k. k. geheimen Rat und siebenbürgischen Oberlandeskommissär Joseph Freiherr Bedeus von Scharberg (siehe dort!), der auf die Erziehung und geistige Richtung seiner beiden Stiefsöhne entscheidenden Einfluß ausübte.
1826 übersiedelte die Familie nach Klausenburg (Cluj) und ein Jahr später nach Wien, wo Eugen das Gymnasium absolvierte und die rechts- und staatswissenschaftlichen Studien an der Universität begann, die er am k. Lyzeum in Klausenburg fortsetzte. 1839 trat er als Kanzlist in den Staatsdienst, ab 1844 arbeitete er in der k. siebenbürgischen Hofkanzlei in Wien bis zu deren Auflösung 1848. Es folgte eine kurze Zeitspanne als Deputierter der Nationsuniversität, bis ihn Minister Graf Stadion 1849 in das k. k. Ministerium des Inneren berief. Auf Grund seiner Kenntnisse über die politischen Verhältnisse seines Vaterlandes und seines scharfen politischen Urteils begleitete er den Kaiser-König Franz Joseph I. auf dessen Rundreise 1854 durch Ungarn; im übrigen diente er in Ofen, Ödenburg und Großwardein.
1859 wurde Drotleff zum k. k. Hofrat ernannt; 1860 berief man ihn als Ministerialrat und Presseleiter nach Wien. 1862 wurde er als Hofrat zur wiedererstandenen siebenbürgischen Hofkanzlei versetzt, an der er während eines heiklen Zeitraumes wirkte. Von seinem alten Wahlkreis in Siebenbürgen, Leschkirch (Nocrich), wurde er in den siebenbürgischen Landtag und von diesem in den verstärkten Reichsrat in Wien entsandt. Für seine Verdienste wurde Drotleff 1864 durch das Ritterkreuz des kaiserlich österreichischen Leopold-Ordens geehrt. Drotleff zeichnete sich immer wieder durch große Schaffensfreudigkeit und reiche Erfahrung sowie vielseitige Kenntnisse in allen Zweigen der Verwaltung aus.
Die neuerliche Auflösung der siebenbürgischen Hofkanzlei 1867, bedingt durch die endgültige Eingliederung Siebenbürgens an Ungarn und durch den Verlust der politischen und richterlichen Selbstverwaltung, setzte seiner öffentlichen Wirksamkeit ein Ende. Was ihm früher nur die karge Freizeit gönnte, das verfolgte er nun in seinem Ruhestand mit erhöhter Intensität: er widmete sich wissenschaftlichen Arbeiten. Neben seiner umfassenden literarischen Tätigkeit in politischer, historischer und naturwissenschaftlicher Hinsicht, stellt die bedeutendste Arbeit das zweibändige historische Werk „Joseph Bedeus von Scharberg“ dar. Drotleff starb unvermählt in Wien am 31. Jänner 1885.

WERKE:

Joseph Bedeus von Scharberg. Beiträge zur Zeitgeschichte Siebenbürgens im 19. Jahrhundert. I. Teil (1783—1847), Wien 1876; II. Teil (1848—1858), Wien 1877.

LITERATUR:

Trausch, Joseph: Schriftsteller-Lexikon der Siebenbürger Deutschen. Bd. III, Kronstadt 1875, S. 566—572.

Schuller, Friedrich: Schriftsteller-Lexikon der Siebenbürger Deutschen. Bd. IV, Hermannstadt 1902, S. 119 und 547.

o. A.: Ergänzungen und Berichtigungen zu Josef Trauschs und Friedrich Schullers Schriftsteller-Lexikon der Siebenbürger Deutschen. In: Korrespondenzblatt des Vereins für siebenbürgische Landeskunde. 32. Jg., Hermannstadt 1909, Nr. 3, S. 33—37.

KUNO EISENBURGER

Geboren 21. Oktober 1901 in Bistritz (Bistriţa)

Der in Fachkreisen weitum bekannte Miterfinder zahlreicher Patente wurde am 21. Oktober 1901 als Sohn des Musikers, Volkssingspieldichters und Lehrers Josef Eisenburger in Bistritz (Bistriţa) geboren. Die reich talentierte und lebendige Familie, in der es mit zwölf Kindern oft hoch herging, stellte sogar eine eigene Familienkapelle auf die Beine, wie überhaupt die ganze Jugendzeit Eisenburgers stark von Musik geprägt war. Er selbst dichtete und komponierte viele hübsche Lieder. Doch zuletzt war nicht die musikalische Linie wie etwa bei seinem Bruder Otto ausschlaggebend, der nach vielen, auch österreichischen Stationen (Wien, Graz, Leoben, Klagenfurt) heute als Stadtkantor in Bad Kissingen wirkt, sondern Eisenburger verschrieb sich der Technik. Für sein TH-Studium in Graz und München mußte er selbst aufkommen, was ihm eine Zeitlang ein abenteuerliches Leben sicherte. Unter anderem war er einmal Lokomotivführer in Lindau,

ein andermal Landwirt auf einem ostpreußischen Rittergut. Nach Erhalt des Diploms als Schiffsingenieur verbrachte er einige Jahre als Volontär in Südamerika, war Flieger bei der rumänischen Armee, arbeitete als Techniker zuerst in Leipzig, dann in der Schweiz (Winterthur) und war schließlich von 1932 bis 1942 in Paris als Chefkonstrukteur in erstklassigen Firmen tätig.
1938 heiratete Eisenburger die Tochter einer hochangesehenen und kultivierten Diplomatenfamilie (Schmidt-Dumont) in Ankara; aus dieser Verbindung stammen vier wiederum sehr reich begabte Kinder. Während des Zweiten Weltkrieges wurde Eisenburger in ein flugwissenschaftliches Institut (Flugzeugwerke) bei Wels, Oberösterreich, berufen und zählte als Leiter einer dortigen Forschungsabteilung zu den Mitarbeitern Wernher von Brauns. Mehr als 100 Patente auf allen Gebieten der Technik tragen seinen Namen.
Nach dem Krieg brachte ihm sein Erfindungsgeist eine nutzbringende Idee: Eisenburger erfand eine neuartige Schweißmaschine zur elektrischen Schweißung und automatischen Herstellung von Baustahlgittern, die eine Grazer Firma erzeugt. Es wurde eigens ein inzwischen weltbekanntes Unternehmen gegründet, die „Entwicklungs- und Verwertungs GmbH“, dessen Teilhaber und technisch leitender Direktor Kuno Eisenburger seitdem ist.
Die Erträgnisse seiner Erfindungen erlaubten ihm den Ankauf des „Hummelhofes“ bei Wels und die Anlegung einer großen Obstplantage (besonders Äpfel). Hier widmet sich Eisenburger heute neben seinem Konstruktionsbüro der Bewirtschaftung seines großen Bauernhofes und der Züchtung von erlesenen Tafelobstsorten.

LITERATUR:

Scheerer, Sepp: Kuno Eisenburger 60 Jahre. In: Siebenbürgische Zeitung vom 15. 11. 1961, S. 7.
o. A.: Flugzeugkonstrukteur wird Obstbauer. In: Südost-Tagespost vom 8. 3. 1969.

RUDOLF EISENMENGER

Geboren 12. September 1871 in Karlsburg (Alba Iulia)
Gestorben 27. Juni 1946 in Wien

Der Retter von Hunderten von Kindern und doch in weiten Kreisen zu Unrecht vergessene Rudolf Eisenmenger wurde in eine an Ärzten und auch Künstlern reiche Familie hineingeboren.

Eisenmenger wurde am 12. September 1871 in Karlsburg (Alba Iulia) geboren und besuchte das Gymnasium in Broos (Orăştie). Nach dem medizinischen Studium an der ungarischen Universität in Klausenburg (Cluj) und der erfolgten Promotion 1896 war Eisenmenger als praktischer Arzt, dann als Kreis- und Bahnarzt in Piski und Broos tätig; später wurde er Kurarzt in Bad Baassen (Bazna) und schließlich Kurarzt und Leiter eines Sanatoriums in Hermannstadt (Sibiu). Nach dem Ersten Weltkrieg übersiedelte die ganze Familie nach Wien.

Noch in Broos machte Rudolf Eisenmenger 1900 die medizinische Erfindung des sogenannten „Biomotors“; dieser ist ein Apparat für mechanische Druck- und Saugmassage zur künstlichen Beatmung, der in der Folgezeit besonders für Kinder, die an Kinderlähmung erkrankt waren, verwandt wurde. Die weltberühmte Eiserne Lunge des amerikanischen Arztes Dr. Drinker, die als Weltwunder galt, war in einigen Teilen der Gesamtkonstruktion der Künstlichen Lunge Eisenmengers nachgemacht und somit ein direkter Vorläufer der Eisernen Lunge. Der Biomotor lieferte gewissermaßen die Grundidee und steht historisch betrachtet an erster Stelle.

Der Anstoß zur Erfindung des „Wiederbelebungsapparates“ war der Tod von Eisenmengers Nichte, die, an einem schweren Keuchhusten erkrankt, während eines Hustenanfalles in seinen Armen erstickte, wobei jegliche ärztliche Hilfe und Kunst versagte.

In Wien setzte Eisenmenger seine Versuche verstärkt fort. Eine Fülle von Veröffentlichungen setzte ein und wies die Richtung des schon in Siebenbürgen eingeschlagenen Weges.

Trotz großer Anerkennung in Fachkreisen und großer Erfolge in der Praxis blieb Eisenmenger das typische Erfinderschicksal nicht erspart: riesige Erfolge; Kampf um die Patente; Versiegen der eigenen Mittel, um alle Patente zu erhalten; amerikanische Variante auf eigenen Grundlagen und Erfahrungen.

Eisenmengers „Biomotor“ war patentiert in Österreich, Deutschland, Italien, in den USA, England, Spanien, Belgien und Frankreich. Der letzte Hersteller des Biomotors war die Firma Lautenschläger in München. In vielen Rettungsstationen und Kliniken wurde der Apparat eingesetzt. Eisenmenger war fest überzeugt von der großen Bedeutung seiner Erfindung und verwendete sein ganzes Leben zu deren Ausbau, der sehr viele Menschen ihr Leben verdanken. Auch wenn die Wiener Zeitung „Der Abend“ am 10. Mai 1955 schreibt: Idee der „Künstlichen Lunge“ — aus Wien!, so soll doch in Erinnerung gebracht werden, daß deren am 27. Juni 1946 in Wien verstorbener Erfinder ein gebürtiger Siebenbürger Sachse war.

WERKE:

Ein Apparat zur Wiederbelebung. Broos 1900.
Veröffentlichung in: Orvosi Hetilap, Nr. 46. Budapest 1903.
Vorrichtung zur Erzielung künstlicher Atmung und gleichzeitiger künstlicher Blutzirkulation. In: Ärztl. Politechnik. Berlin 1904.
Bedeutung der Druck- und Saugmassage des Bauches. In: Zeitschrift für physikalisch-diätetische Therapie, Bd. 15, 1911.
Das physikalisch-diätetische Heilverfahren. Hermannstadt und Wien (um 1912).
Rheumatismus und Erkältungskrankheiten im Lichte zeitgemäßer Anschauungen. In: Mitteilungen des Siebenbürgischen Vereins für Naturwissenschaften. LXII. Jg., 1912, H. 2 und 3.
Ein neuer Wiederbelebungsapparat. In: Die Umschau, Nr. 38, Frankfurt 1926.
Künstlicher Blutkreislauf in der Leiche. In: Wiener medizinische Wochenschrift, Nr. 23, Wien 1927.
Künstliche Atmung, künstlicher Blutkreislauf und Herzmassage. In: Wiener medizinische Wochenschrift, Nr. 20, Wien 1928 (= Vortrag in Berlin über Einladung von Dr. Prof. Du-Bois-Reymond).
Arbeits- und Erfolgsbericht. In: Wiener klinische Wochenschrift, Nr. 30, Wien 1932.
Biomotor. Supraabdominale Saug- und Druckluft-Therapie. München 1934.
Mechanische Behandlung Geisteskranker. In: Psychiatrisch-neurologische Wochenschrift, 42. Jg., Nr. 3, Halle/Saale 1940.
Saug- und Druckluft über dem Bauch. Deren Wirkung und Anwendung im Rettungsdienst und in der täglichen Praxis. Wien 1940.

LITERATUR:

Berichte in:
Therapeutische Monatshefte, H. 2, Berlin 1915.
Wiener klinische Wochenschrift, Nr. 47, Wien 1929; August, Wien 1935.
Münchner medizinische Wochenschrift, 17. 1. 1935.
Deutsches Rettungswesen, Nr. 86, 19. Jg., 1944.

RUDOLF HERMANN EISENMENGER

Geboren 7. August 1901 in Piskitelep

Vielen Österreichern und manchen ausländischen Besuchern Wiens wurde nach dem letzten Krieg Rudolf Hermann Eisenmenger durch das Kolossalgemälde „Orpheus und Euridike in der Unterwelt“ auf dem Eisernen Vorhang der wiederhergestellten Wiener Staatsoper bekannt.
Eisenmenger, am 7. August 1901 in Piskitelep geboren, entstammt einer Repser Familie. Er ist der Sohn des besonders in Fachkreisen weitum bekannten Facharztes Dr. Rudolf Eisenmenger, dem 1900 in Broos (Orăştie) die medizinische Erfindung des „Biomotors“ gelang; mit dieser „Künstlichen Lunge“ (direkter Vorläufer der „Eisernen Lunge“) rettete er als erster hunderte an Poliomyelitis erkrankte Kinder vor dem sicheren Tod. Auch andere Vorfahren waren Ärzte gewesen, aber auch die rein künstlerische Neigung war vorgezeichnet, war doch ein Großonkel, August Eisenmenger, Maler und Professor für Musik und Dar-

stellende Kunst in Wien gewesen. Da ein Zweig der Familie aus Wien kam, entschloß sich der Vater 1922, sich dort niederzulassen.
Rudolf Hermann Eisenmenger besuchte, nachdem er das Hermannstädter deutsche Gymnasium durchlaufen hatte, von 1921 bis 1929 die Wiener Akademie der Bildenden Künste. Rudolf Bacher, ein Mitbegründer der Secession, war sein Meisterschullehrer. Nach Beendigung seines Studiums arbeitete Eisenmenger als freischaffender Künstler und empfing wiederholt Auszeichnungen. 1929 erhielt er den Rompreis, 1930 wurde er ordentliches Mitglied des Künstlerhauses, das ihn später in Anerkennung seines Gesamtschaffens mit dem „Goldenen Lorbeer" auszeichnete. Das große Figurenbild wurde sein eigentliches Gebiet, das ihn 1936 in Venedig (Biennale) und im selben Jahr in Berlin (Silberne Olympiamedaille) einer großen Öffentlichkeit bekannt machte. Eisenmenger pflegte in der Folgezeit das Ölbild, bevorzugte gedämpfte Farben, deren Grautöne allen seinen Bildern eigen sind, kam aber bald mit architekturgebundenen großen Arbeiten in Berührung, deren Ausführung ihm anvertraut wurde. Parallel zu dieser Tätigkeit lief auch eine Entwicklung, die zum Dekorativen drang, wobei nun die Farben rein und kräftig gesetzt wurden: Entwürfe zu großen Gobelins.
Eines seiner wichtigsten Werke ist sein Beitrag zum Wiederaufbau der Wiener Staatsoper, für deren Wandelhalle er die Tapisserieserie nach Motiven von Mozarts „Zauberflöte" entwarf; diese 13 Gobelins wurden zwischen 1949 und 1955 nach seinen Entwürfen in der Wiener Gobelinmanufaktur ausgeführt. Die dazu gehörige „Königin der Nacht" wurde wiederholt abgebildet.
Eisenmenger, dem 1942 der Dürer-Preis und 1943 der Professortitel verliehen wurde, bekleidete außer verschiedenen Funktionen im Wiener Künstlerhaus (unter anderem war er auch dessen Präsident) seit 1951 bis 1959 auch die verantwortungsvolle Stelle eines ordentlichen Professors an der Technischen Hochschule in Wien; von 1957 bis 1960 war er Senator und zeitweilig auch Dekan der Fakultät für Bauingenieurwesen und Architektur (1961 bis 1963).
Eisenmenger beteiligte sich erfolgreich an vielen in- und ausländischen Ausstellungen, Wettbewerben und internationalen Veranstaltungen. Seine Werke befinden sich in vielen öffentlichen und privaten Sammlungen und Instituten, so unter anderem in der Wiener Staatsoper, in der Österreichischen Nationalbank in Salzburg und Linz, in der Kammer der Gewerblichen Wirtschaft, im Flughafen Schwechat, im Unileverhaus Rotterdam, im Österreichischen Kulturinstitut Istanbul, im Rathaus Dornbirn, im Kurhaus Bad Ischl, im Museum in Tokio. Ferner befinden sich mehrere Fresken und Mosaikarbeiten in verschiedenen Kirchen und öffentlichen Gebäuden.
Heute lebt Eisenmenger in Rodaun bei Wien und ist trotz eines Augenleidens noch immer tätig.

WERKE:

„Die Tageszeiten" (1929)
„Bildnis auf goldenem Grund" (1929)
„Der Mann mit dem Mond" (16. Juli 1969)
Tapisserieserie zur „Zauberflöte"
„Der Letzte"
„Christus und der Schmetterling"
„Wir zwei"
Bildnis des Schauspielers Willy Thaler.

LITERATUR:

Zillich, Heinrich: Rudolf Hermann Eisenmenger 60 Jahre alt. In: Südostdeutsche Vierteljahresblätter, 11. Jg., München 1962, Folge 4, S. 243.

o. A.: Gobelins von R. H. Eisenmenger ... In: Der Staatsbeamte, 3. Jg., Wien, Februar 1963, H. 2, S. 11.

o. A.: Hochschulprofessor akad. Maler: Rudolf Hermann Eisenmenger. In: Siebenbürgische Zeitung, 22. Jg., Nr. 15, vom 30. 9. 1972, S. 6.

Zoltner, Ludwig: Rudolf Hermann Eisenmenger (Zwei Maler aus Siebenbürgen). In: Südostdeutsche Vierteljahresblätter, 22. Jg., München 1973, Folge 1, S. 17—18.

RICHARD THOMAS ENGLER

Geboren 20. April 1909 in Burghalle (Orheiu Bistriței)

Als in den letzten Kriegs- und Nachkriegsjahren des Zweiten Weltkrieges Europa eine wahre Völkerwanderung ungeahnten Ausmaßes erlebte und sich rund 14 Millionen deutsche Vertriebene und Flüchtlinge aus dem Osten und Südosten in Bewegung setzten, mußte sich auch Österreich als Aufnahmeland bewähren. Sind auch viele weiter nach Übersee und in das Wirtschaftswunderland Deutschland ausgewandert, so beläuft sich der Anteil der deutschsprachigen ehemaligen Flüchtlinge, Heimatvertriebenen und Umsiedler an der österreichischen Gesamtbevölkerung doch auf etwa 5 Prozent. Von den Siebenbürger Sachsen sind rund 20.000 in Österreich geblieben. Neben anderen Gruppen haben auch sie einen nicht unwesentlichen Anteil am wirtschaftlichen Aufbau Österreichs nach dem Krieg. Davon zeugt auch die stattliche Zahl von größeren und kleineren, mehr oder weniger geschlossenen 35 Siedlungen der Siebenbürger Sachsen, die über das

ganze Land verteilt sind, sich aber besonders in Oberösterreich, Salzburg, Niederösterreich und Wien finden. Auch entstanden in Österreich 19 neue evangelische Kirchenbauten seit dem Krieg, die alle auf siebenbürgisch-sächsische Initiative zurückgehen. Wie sehr es das Verdienst einzelner war, die verzweifelten Landsleute nicht ihrem eigenen Schicksal zu überlassen, sie vielmehr zu sammeln, zu versorgen, zu beraten und mit ihnen neuerlich eine feste Gemeinschaft zu bilden, sollen stellvertretend zwei Männer verdeutlichen, denen es nach großen Anfangsschwierigkeiten gelungen ist, jeweils eine Siedlung mit einer Kirche als Mittelpunkt unter ihrer kontinuierlichen Führung aufzubauen, und die noch heute als aktive Betreuer wirken. Es sind dies Richard Engler in Salzburg und Mathias Schuster (siehe dort!) in Oberösterreich.
Richard Thomas Engler wurde am 20. April 1909 in Burghalle (Orheiu Bistriţei) als Sohn des Lehrers Thomas Engler und dessen Frau Rosina, geborene Hendel, in Nordsiebenbürgen geboren. Das deutsche Gymnasium besuchte Engler in Bistritz (Bistriţa), anschließend das Theologisch-pädagogische Lehrerseminar in Hermannstadt (Sibiu). Von 1927 bis 1933 war Engler Rektorlehrer an der einklassigen deutschen Volksschule in Senndorf (Jelna) bei Bistritz; dazwischen diente er als Einjähriger bei den Gebirgsjägern im Rumänischen Heer. Ab Herbst 1933 stand Engler der fünfklassigen Volksschule in Botsch (Batoş) bei Sächsisch-Regen (Reghin) als Rektor vor. Nebenberuflich war er als Schriftführer im Presbyterium, Jugendleiter, Bezirkschorleiter der Lehrerschaft, Leiter der Blasmusik, des Kirchenchores und des Jugendchores, Ausbildner der vormilitärischen Jugend, Kassier im Konsumverein, Leiter der Deutschen Mannschaft und als Ortsleiter tätig. Somit verkörpert Engler den typischen, überaus regen und beliebten Jugend- und Wortführer in Volkstumsfragen.
1942 verbrachte Engler sechs Monate in der ungarischen Offiziersschule in Csikszereda, aus der er als Fähnrich der Reserve entlassen wurde. Am 12. September 1944 machte er sich mit 1200 Bewohnern seiner Bauerngemeinde Botsch und über 300 Fuhrwerken (zum Großteil mit Hornvieh bespannt) als Treckführer auf die Flucht in den Westen. Der tadellos in zwölf Gruppen organisierte, über 6 km lange Zug gelangte am 8. November 1944 nach Österreich und löste sich genau acht Wochen nach dem Aufbruch aus der Heimat im Raum von St. Pölten auf. Für einige Jahre trennte sich der Schicksalsweg Englers von dem seiner ihm anvertraut gewesenen Gemeinde. Nach kurzer Zwischenstation als Lehrer in Böheimkirchen bei St. Pölten flüchtete Engler mit seiner Frau und seinen vier Kindern 1945 vor den Russen nach Mils bei Solbad Hall in Tirol. Hier war er zunächst landwirtschaftlicher Hilfsarbeiter, dann Musiker und Leiter einer Tanzkapelle, mit der er hauptsächlich für Besatzungstruppen spielte. Tagsüber war er als Praktikant in einem Radiogeschäft in Solbad Hall tätig und legte in Innsbruck auch die Gesellenprüfung als Rundfunkmechaniker ab. Daran schlossen sich mehrere Jahre als Erzieher und Berufsschullehrer im Landeserziehungsheim für schwererziehbare Jungen im Alter von 14 bis 20 Jahren in Kleinvolderberg bei Innsbruck. 1954 folgte er dem Ruf seiner Landsleute: Engler übersiedelte nach Salzburg, wo er zunächst als Religionslehrer und Prediger tätig war und dann die Aufgabe übernahm, die Seßhaftmachung der Flüchtlinge aus der ehemaligen siebenbürgischen Gemeinde Botsch in die Wege zu leiten, die sich in der Zwischen-

zeit größtenteils bei Salzburg wieder zusammengefunden hatte. Es sollte Englers Lebenswerk werden. Was nun folgte ist ein Paradebeispiel an Selbstbehauptung und freudigen Aufbauwillens; die Siedlung Sachsenheim bei Elixhausen vor den Toren Salzburgs, übrigens die größte geschlossene Siebenbürgersiedlung in Österreich, wurde ein „Aushängeschild für das ganze Land". Hier die nüchternen Zahlen des etappenweisen Wachsens:

1954 Grundankauf.

1955 Aufstellung einer Baracken-Notkirche. Vermessung des Grundes. Quellfassung.

1956 Baubeginn nach den Plänen des siebenbürgischen Architekten Glondys (10.000 freiwillige Arbeitsstunden).
Gründung einer Wasserwerksgenossenschaft, Bau von Wasserleitung und Kanalisation.
Gründung einer Blasmusik und einer Volkstanzgruppe.

1958 Einweihung der Siedlung mit 55 Häusern; heute hat die Siedlung nahezu 80 Häuser und wächst immer noch.

1959 Gründung des Stephan-Ludwig-Roth-Chores.

1959—1961 Bau der Johann-Honterus-Kirche (30.000 unentgeltliche Arbeitsstunden).

1962—1972 Bau des Gemeinschaftshauses „Nachbarschaft Sachsenheim" (über 30.000 freiwillige Arbeitsstunden).
Gründung eines Vereines.

1972 Erwerb eines Pfarrhauses für Sachsenheim.

Engler, der im wahrsten Sinne vom „Treckführer zum Kirchengründer" wurde, arbeitet seit 1960 als Lehrer an der Volksschule in Elixhausen und ist seit 1961 auch Prediger in Sachsenheim. Acht Jahre lang war er Gemeinderat in Elixhausen, ist Mitglied des Presbyteriums und Vertreter der evangelischen Gemeinde in Salzburg und übt mehrere Funktionen in siebenbürgisch-sächsischen Institutionen aus. 1964 erhielt Engler das Goldene Ehrenzeichen der Landsmannschaft der Siebenbürger Sachsen in Österreich, 1972 wurden ihm das Verdienstzeichen in Silber des Landesverbandes der Blasmusiken in Salzburg sowie das Silberne Verdienstzeichen des Landes Salzburg verliehen. 1972 erhielt Engler den Titel Schulrat.

LITERATUR:

o. A. (—r): Wir bauen an der zweiten Heimat. In: Salzburger Volksblatt vom 25. 8. 1956, S. 8.
Folberth, Otto: Treckführer wurden zu Kirchengründern. Zwischenbilanz über die Seßhaftmachung der Siebenbürger Sachsen in Österreich. In: Vierteljahresschrift „Österreichische Begegnung", Wien 1960, Nr. 3 und 4 (auch als Sonderdruck).
o. A.: Steh in Deines Volkes Mitte, was sein Schicksal immer sei! In: Salzburger Volksblatt vom 27. 9. 1961, S. 5.
o. A.: Land ehrte Siebenbürger Sachsen. In: Salzburger Landes-Zeitung vom 18. 5. 1972, 192. Jg., Nr. 20, S. 2.
Sutter, Rotraut: Die Siebenbürger Sachsen in Stadt und Land Salzburg (= Schriftenreihe der Kommission für ostdeutsche Volkskunde, hrsg. von Erhard Riemann, Bd. 10). Marburg 1972.

JOHANN GOTTLIEB FABINI

Geboren 5. Juli 1791 in Haschagen (Haşag)
Gestorben 30. November 1847 in Pest

Ende des 18. und Anfang des 19. Jahrhunderts griff eine alle geistigen Regungen erstickende Bürokratie nach Siebenbürgen über. Es kamen, auch im ärztlichen Bereich, die sogenannten stillen Jahre des siebenbürgischen Geisteslebens. Der Besuch nichtösterreichischer Universitäten wurde verboten; die Medizinstudenten erhielten aber an der Wiener Fakultät eine ausgezeichnete Fachausbildung. Manche von ihnen erlangten außerhalb der Grenzen Siebenbürgens hohe Stellungen als Universitätsprofessoren und Primarärzte, wie etwa der auf mehreren Gebieten erfolgreich tätige Karl Ludwig Sigmund (siehe dort!), der Chirurg Friedrich Salzer (siehe dort!) und der Facharzt für Augenheilkunde Johann Gottlieb Fabini.
Johann Gottlieb Fabini wurde am 5. Juli 1791 in Haschagen (Haşag) als Sohn

des dortigen Pfarrers geboren. Er studierte in Mediasch (Mediaş), Klausenburg (Cluj) und Wien, wo er sich dem Studium der Medizin und der Chirurgie widmete und dieses mit Auszeichnung absolvierte. Fabini erhielt die Stelle eines Sekundararztes im Wiener Allgemeinen Krankenhaus. Besonders in der Augenheilkunde tat er sich hervor und wurde bald Assistenzarzt bei Prof. Beer. Nach einem kurzen Zwischenaufenthalt in Mediasch wurde Fabini zum ordentlichen Professor für Augenheilkunde an die Pester Universität berufen.
Während seines akademischen Lehramtes erwarb sich Fabini die allgemeine Achtung in dem Maße, daß er und seine männlichen Nachkommen von Kaiser Ferdinand I. in den Adelsstand erhoben wurden. Ferner wurde Fabini zum königlichen Rat und zum Mitglied der medizinischen Fakultät in Wien ernannt und in mehrere gelehrte Gesellschaften aufgenommen. Fabini fungierte mehrere Male als Dekan der medizinischen Fakultät in Pest und war auch zwei Jahre lang Rektor der Universität. Fabini war Mitarbeiter an den in Wien gedruckten medizinischen Jahrbüchern des k. k. österreichischen Staates. Nach seinem ausgezeichneten Werk über Augenheilkunde, das auch ins Englische übersetzt wurde, hatte man an auswärtigen Universitäten, namentlich in Padua und Harlem, Vorlesungen gehalten. Fabini starb am 30. November 1847 in Pest.

WERKE:

Doctrina de morbis oculorum. Pest 1831.
De praeciuis corneae morbis. Pest 1831.

LITERATUR:

Trausch, Joseph: Schriftsteller-Lexikon der Siebenbürger Deutschen. Bd. I, Kronstadt 1875, S. 281 bis 282.
Schuller, Friedrich: Schriftsteller-Lexikon der Siebenbürger Deutschen. Bd. IV, Hermannstadt 1902, S. 96.
Schwob, Ute Monika: Zur Medizingeschichte der Siebenbürger Sachsen. In: Südostdeutsche Vierteljahresblätter, 18. Jg., München 1969, Folge 2, S. 88—93.
Ferner: ÖBL, 1, 279.

LUDWIG FABINI

Geboren 26. August 1830 in Waldhütten (Valchid)
Gestorben 9. September 1906 in Igls bei Innsbruck

Der nachmalige k. u. k. Feldzeugmeister Ludwig Fabini wurde als drittältester von sechs Söhnen des späteren Stadtpfarrers in Mediasch (Mediaş), Joseph Fabini, und dessen aus einer Offiziersfamilie stammenden Frau, am 26. August 1830 in Waldhütten (Valchid) bei Mediasch geboren. Das Gymnasium besuchte er in Mediasch und Schäßburg (Sighişoara). Im Sturmjahr 1848 meldeten sich sein älterer Bruder Theodor und er selbst freiwillig zum Sächsischen Jägerbataillon, das von der Sächsischen Nation dem Oberkommandierenden der österreichischen Truppe in Siebenbürgen gegen die aufständischen Ungarn zur Verfügung gestellt wurde. Während Theodor Fabini wenige Monate später (Februar 1849) bei Piski den Heldentod fand, wählte Ludwig die Offizierslaufbahn. Sein Bataillon, das später mit der Nr. 23 in die k. k. Armee übernommen wurde, kämpfte im kaiser-

lichen Heer des Generals Freiherrn von Puchner gegen die Honvéds unter General Bem.
Fabini diente anschließend im 5., nachher im 28. aus Siebenbürgen ergänzten Jägerbataillon, wodurch er weite Gebiete der Monarchie kennenlernte.
1866 erhielt das 28. Jägerbataillon seine Einteilung bei der Nordarmee. Im Verband des X. Korps machte Fabini, inzwischen Hauptmann, das siegreiche Gefecht bei Trautenau mit, in dem er sich so auszeichnete, daß er mit dem Orden der Eisernen Krone belohnt wurde. Auch für sein tapferes Verhalten bei Königgrätz wurde ihm die kaiserliche Anerkennung ausgesprochen.
Nicht zuletzt auf das Drängen seines Vaters, die Generalstabslaufbahn einzuschlagen, entschloß sich Fabini 36jährig noch zum Besuch der Kriegsschule in Wien, die er in den Jahren 1868 bis 1870 durchlief. Insgesamt diente Fabini seinem Kaiser 56 Jahre lang in zahlreichen Garnisonen der Monarchie und auf verschiedenen Kriegsschauplätzen. Besonders bewährte er sich bei der Okkupation Bosniens und der Herzegowina durch österreichisch-ungarische Truppen 1878 als Generalstabschef des die Hauptlast dieser militärischen Operation tragenden, bis Sarajevo vordringenden Armeekorps.
Feldzeugmeister von Philippovich nahm Fabini mit nach Prag, wo Dienstverwendungen als Brigadier dortselbst und als Divisionär in Lemberg folgten. Am Ende seiner militärischen Laufbahn war Fabini Korpskommandant in Kaschau und in Prag (1897 bis 1904). Fabinis außerordentliche Bewährung bewog Kaiser Franz Joseph, dem Feldzeugmeister das wegen der damaligen magyarischen Opposition höchst dornige Amt des Reichskriegsministers anzutragen, was Fabini jedoch — 71jährig — ablehnte.
1904 ging Fabini in den Ruhestand; im selben Jahr wurde ihm das Großkreuz des Leopold-Ordens verliehen. Er wählte Wien als ständigen Wohnsitz. Da jedoch eine böse Erkrankung der Atmungsorgane ihm arg zu schaffen machte, erholte er sich öfters in Gastein, Wörishofen und auf der Insel Norderney. Während eines Sommeraufenthaltes in Igls bei Innsbruck starb Fabini am 9. September 1906. Die Überführung der Leiche nach Mediasch erfolgte mit militärischem Zeremoniell und großem Aufgebot.

Ein Neffe des Feldzeugmeisters gleichen Namens, LUDWIG VON FABINI, verschrieb sich ebenso wie jener der Militärlaufbahn. Am 6. Juli 1861 in Mediasch (Mediaş) geboren, besuchte Ludwig von Fabini sechs Klassen des Gymnasiums in seiner Vaterstadt und zwei Jahre die Prager Kadettenschule. Sieben Jahre diente er bei einem böhmischen Infanterieregiment und wurde nach Beendigung der Kriegsschule 1899 dem Generalstab zugeteilt. In Lemberg und Innsbruck fand er bei verschiedenen höheren Kommandos Verwendung. Auf Grund seiner außerordentlichen Befähigung auf allen militärischen Gebieten wurde er 1899 in die Militärkanzlei des Kaisers eingeteilt. Fünf Jahre Bürodienst in Wien, zwei Jahre Truppendienst in Innsbruck und fünf Jahre Stabschef des V. Preßburger Korps folgten. 1911 wurde Fabini Generalmajor und Kommandant der 11. Infanteriebrigade in Graz, mit welcher er 1914 ins Feld zog. Als Kommandant der Innsbrucker Division wurde er unter anderem auch mit der Aufgabe betraut, mit seinen Kaiserjägern den bedrohten Abschnitt Südtirol vom Etschtal bis zur Val Sugana zu übernehmen. Der Erste Weltkrieg sah ihn daneben in Rumänien und Oberitalien. Fabini krönte seine Kriegserfolge mit der Rückeroberung von Czernowitz. Nach dem Zusammenbruch der Donaumonarchie lebte Fabini mit seiner Gattin, seinen drei Söhnen und zwei Töchtern zunächst in Graz, fuhr aber öfter nach Mediasch, lebte auch mehrere Jahre dort als Sekretär und Leiter der Kreisausschußkanzlei der Deutschen Volksorganisation. In Mediasch schrieb er auch sein Buch „Drei Fabini“ (Lebensbeschreibungen seines Großvaters Joseph sowie seiner beiden Onkel Theodor und Ludwig).

1935 übersiedelte Fabini nach Temeschburg (Timişoara), wo er am 11. Dezember 1937 starb.

LITERATUR:

Fabini, Ludwig von: Drei Fabini. Hrsg. vom Verein für Siebenbürgische Landeskunde. Hermannstadt 1930.

Kiszling, Rudolf: Berühmte Generale der Siebenbürger Sachsen. In: Südostdeutsche Vierteljahresblätter, 11. Jg., München 1962, Folge 4, S. 228—235.

Ferner: ÖBL, 1, 280.

JOSEF FABRICIUS

Geboren 23. Jänner 1865 in Crajova
Gestorben 12. Dezember 1934 in Maria Lanzendorf, NÖ

Der bekannte und beliebte Wiener Gynäkologe, Schüler Billroths und Friedrich Schautas, Josef Fabricius, wurde am 23. Jänner 1865 in Crajova (Rumänien) geboren. Nach dem Besuch des Honterusgymnasiums in Kronstadt (Braşov) studierte er Medizin in Graz, Heidelberg und Wien und wurde 1890 zum Doktor der Medizin promoviert. Zunächst Operationszögling bei Billroth, ließ sich Fabricius auf der Geburtshilflichen Klinik bei Rudolf Chrobak zum Facharzt für Geburtshilfe und Gynäkologie ausbilden. Bald erfreute sich der tüchtige Arzt einer großen Praxis, besonders als er in das Maria-Theresia-Frauenhospital in der Feldgasse eintrat und 1897 die Stelle eines stellvertretenden Direktors bekleidete. 1902 konnte sich Fabricius habilitieren, 1915 wurde er zum Professor ernannt.

Fabricius spielte in der Siebenbürger Kolonie in Wien eine bedeutende Rolle, fand aber auch außerhalb in evangelischen Kreisen ein reiches Betätigungsfeld. 28 Jahre lang wirkte Fabricius als Primararzt und Direktor am Diakonissenkrankenhaus in der Hans-Sachs-Gasse in Wien und machte sich als ein in allen Zweigen der Chirurgie außerordentlich bewanderter und geschickter Arzt einen guten Namen.

Am 12. Dezember 1934 ist Josef Fabricius an den Folgen einer Lungenentzündung in seinem Haus in Maria Lanzendorf bei Wien gestorben.

WERKE:

Über den Verschluß des Schenkelkanales bei Operationen von Schenkelhernien, eine anatomische Studie. Stuttgart 1892.
Über eine neue Methode der Radikaloperation von Schenkelhernien. In: Zentralblatt für Chirurgie, 1894.
Über Myome und Fibrome des Uterus und deren Einfluß auf die Umgebung, mit spezieller Berücksichtigung des Verhaltens der Tuben. Wien 1895.
Zur Technik der Alexander-Alquié'schen Operation: In: Zentralblatt für Gynäkologie, 1895.
Über Cysten an der Tube, am Uterus und dessen Umgebung. In: Archiv für Gynäkologie, L.
Zur Diagnose und Differentialdiagnose der Extrauteringravidität und Appendicitis. In: Österr. Ärztezeitung 7, 4—5, 1910.
Zur Technik der Drainage der Bauchhöhle. In: Zentralblatt für Gynäkologie 34, 37/38, 1910.

LITERATUR:

Schuller, Friedrich: Schriftsteller-Lexikon der Siebenbürger Deutschen. Bd. IV, Hermannstadt 1902, S. 100.
Fischer, I.: Biographisches Lexikon der hervorragenden Ärzte der letzten 50 Jahre. Bd. 1, Wien-Berlin 1932.
Mecenseffy, Grete: Evangelische Lehrer an der Universität Wien. Graz-Wien-Köln 1967, S. 121 bis 122.

Gemälde von Franz Eybl, 1841

KARL FILTSCH

Geboren 1830 in Mühlbach (Sebeş)
Gestorben 11. Mai 1845 in Venedig

Das „Wunderkind“ Karl Filtsch, an Mozart erinnernd, ist das einzige Kind in dieser Aufstellung.

Karl Filtsch wurde 1830 in Mühlbach (Sebeş) als Sohn des dortigen Stadtpfarrers Josef Filtsch und dessen Gattin Karoline, geborene Felmer, geboren. Karl wuchs, als Jüngstes von zahlreichen Kindern, die alle musikalisch begabt waren, in einem gastfreien Pfarrhaus auf, in dem man neuere Sprachen trieb und für Literatur, Kunst und vor allem Musik sehr aufgeschlossen war. Karls geniale musikalische Veranlagung zeigte sich schon mit drei Jahren, was seinen Vater veranlaßte, ihn im Klavierspiel zu unterrichten. Bereits mit vier Jahren wagte er sich an die schwierigsten Musikstücke, die er tadellos vortrug, und phantasierte am Klavier begeistert nach eigenen Tönen. Als Karl sechs Jahre alt war und er vom Vater nichts mehr lernen konnte, schien ein erhofftes systematisches Musikstudium an finanziellen Schwierigkeiten zu scheitern. Unerwartet erboten sich die im Pfarrhaus verkehrenden und begüterten Graf Dionys Bánffy und seine Gattin Jeanette, geborene Schilling-Cannstatt, den Knaben mit nach Wien zu nehmen und ihn am Konservatorium, der damals berühmtesten deutschen Pflegestätte der Musik, zu einem Künstler ausbilden zu lassen.

1837 übersiedelte Karl mit seinem 17 Jahre älteren Bruder Josef, der damals bei der siebenbürgischen Hofkanzlei in Wien praktizierte, in die Villa der gräflichen Familie nach Wien. Josef war selbst ein bedeutender Pianist, stellte sich aber selbstlos zeit seines Lebens in den Dienst seines kleinen Bruders als Freund und Ratgeber und bestritt viele gemeinsame Konzerte mit ihm.

Karl erhielt in Wien Unterricht von Wieck, dem Vater Clara Schumanns, vom berühmten Klaviermeister Mittag und vom größten Theoretiker jener Zeit, Simon Sechter. Bald wurde der kleine Pianist bei Hofe eingeführt, mußte viel in den aristokratischen Salons der Kaiserstadt und am Wiener Hof selbst vorspielen. Von allen Seiten wurde er bewundert, verwöhnt und beschenkt; von der Erzherzogin Sophie bekam der Siebenjährige einmal einen goldenen Becher und durfte oft mit dem gleichaltrigen, späteren Kaiser Franz Josef spielen.

Karl wurde zur weiteren Ausbildung viel in Konzerte und Opernaufführungen mitgenommen; die Abende waren meist ausgefüllt mit gesellschaftlichen Verpflichtungen. Es scheint, daß diese Überbeanspruchung dem zarten Kind nicht die notwendige Ruhe und Erholung ließ. Trotzdem führte sein Leben in Wien von Erfolg zu Erfolg, siebenbürgische und Wiener Zeitungen rühmten sein Talent, sogar in Versen wurde er gepriesen und „seine Fortflüge auf den riesigen Schwingen des Genies" (Saphir) beschrieben.

1841 trat das „Wunderkind aus Siebenbürgen" (Franz Liszt) zum ersten Mal vor die Öffentlichkeit, daneben spielte er oft für Wohltätigkeitszwecke. Ein längerer Aufenthalt in Siebenbürgen im Sommer und Herbst des gleichen Jahres führte ihn in viele Städte und Ortschaften seiner Heimat: Pest, Mühlbach (Sebeş), Klausenburg (Cluj), Kronstadt (Braşov), Hermannstadt (Sibiu), Broos (Orăştie). Überall wurde er umjubelt und stürmisch gefeiert, ja Bauern kamen und brachten Obst und Blumen, um ihm Freude zu machen. Sein geniales Klavierspiel und besonders auch seine eigenen kleinen Kompositionen verbreiteten den Ruf des kleinen Künstlers.

Ende November 1841 machte sich die mütterlich besorgte Gräfin Bánffy mit Karl und Josef auf nach Paris, dem musikalischen Mekka aller, die ihr Können vervollkommnen wollten. Chopin, Liszt, Meyerbeer und andere gefeierte Musikgrößen wirkten damals dort. Auch hier wurde das Brüderpaar bald Mittelpunkt in den Pariser Musikkreisen und Salons, unter anderem auch im Hause George Sands. Der kleine Karl wurde Lieblingsschüler von Chopin, der über dieses „Kind, das außerordentlichste, das ich getroffen habe" und das ihn verstand wie kein Mensch jemals zuvor, in wahres Verzücken geriet. Zeitweise erhielt Karl auch Stunden bei Liszt, als dessen Nachfolger er schon damals angesehen wurde.

Der 18monatige Parisaufenthalt wurde 1842 durch eine Konzertreise der beiden Brüder nach Belgien unterbrochen, deren Höhepunkt Brüssel war. In Paris selbst

konnte Karl viele Triumphe feiern und führte ein ungemein reges gesellschaftliches Leben in Kreisen der Aristokratie. Das Bild des „phänomenalen Wunderkindes“ sowie seine Kompositionen wurden in Musikläden ausgehängt. Pradier, der erste Bildhauer Frankreichs, porträtierte ihn. Wohl das großartigste Geschenk, das er erhielt, war ein Prunkpiano von Erard.
Trotz Fieberanfällen, die eher warnen sollten, wurde das aufreibende und rastlose Leben 1843 in London fortgesetzt, wo Karl unter anderem auch vor der jungen Königin Victoria und anderen Majestäten konzertierte. Die englische Zeitung „Musical World“ erhob ihn über Mozart, Mendelssohn und Benett und betonte, daß es ihm zufalle, Chopin in England verständlich gemacht zu haben. Nach zwei Monaten wieder in Wien, nahmen Vorspiele und Konzerte kein Ende. Eine geplante längere Reise mit Konzerten in Prag, Dresden, Leipzig, Berlin, in der Schweiz und Italien mußte wegen wiederholter Krankheit Karls abgesagt werden. Die Folgen der anhaltenden geistigen und körperlichen Beanspruchung äußerten sich in einem ernsten Lungenleiden. Gräfin Bánffy eilte mit Karl in den Süden, wo er sich in Venedig erholen sollte. Nach einem mehrwöchigen Besuch zu Hause in Mühlbach entschlief der noch nicht Fünfzehnjährige am 11. Mai 1845 in Venedig. Ein Grabmal aus Marmor auf einer kleinen Insel zwischen Murano und Venedig erinnert noch heute an die „früh geöffnete Blüte“.

LITERATUR:

Brandsch, Gottlieb: Die Musik unter den Sachsen. In: Bilder aus der Kulturgeschichte der Siebenbürger Sachsen. Hrsg. von Fr. Teutsch, Bd. II, Hermannstadt 1928, S. 306—323.
Müller, Alfred: Carl Filtsch. Der Lebensweg eines kleinen und doch großen sächsischen Künstlers. In: Siebenbürgisch-sächsischer Hauskalender, Jahrbuch 1961, S. 69—75.
Klein, Marie: Karl Filtsch. Ein musikalisches Wunderkind. In: Südostdeutsche Vierteljahresblätter, 14. Jg., München 1965, Folge 3, S. 171—174.
Ferner: W, 4, 229; ÖBL, 1, 315.

OTTO FOLBERTH

Geboren 10. Juli 1896 in Mediasch (Mediaş)

Otto Folberth entstammt väterlicherseits einer angesehenen Ärzte- und Apothekerfamilie seiner Heimatstadt Mediasch (Mediaş). Die Mutter seines Vaters, eine geborene Conrad von Heydendorff, ging aus einem Geschlecht hervor, das seinen Landsleuten Bürgermeister und Königsrichter, dem Großfürstentum Siebenbürgen Gubernialräte und sogar einen Gubernator zur Zeit Kaiser Josephs I. geschenkt hatte. Die Gesinnung dieser hervorragenden Männer, größtmögliche Toleranz gegenüber den Ansprüchen verschiedener nebeneinander wohnender Völker und den Forderungen von fünf Konfessionen zu üben, kam auch bei Otto Folberth in Wort und Tat zum Durchbruch.
Otto Folberth wurde als das älteste von fünf Kindern des praktischen Arztes und Zahnarztes Dr. Otto Folberth und der Julie, geborene Carthmann, am 10. Juli 1896 in Mediasch geboren. Bald nach der Reifeprüfung, die er in seiner

Vaterstadt ablegte, machte Folberth in einem k. u. k. Artillerieregiment den Ersten Weltkrieg mit. Anschließend wählte er das höhere Lehramt mit den Fächern deutsche und französische Sprache und Literatur zum Beruf. Hierfür studierte er Germanistik, Romanistik, Philosophie, Kunstgeschichte und Theologie in den Städten Budapest, Berlin, Heidelberg, Klausenburg (Cluj) und Paris. 1922 promovierte Folberth in Klausenburg mit der Dissertation „Meister Eckehart und Laotse — ein Vergleich zweier Mystiker" summa cum laude zum Doktor der Philosophie. Ab 1923 unterrichtete er am evangelisch-deutschen Obergymnasium in Mediasch, dessen Rektor er nach zehn Jahren wurde.
Neben seiner Berufstätigkeit stellte Folberth seine Begabung und Arbeitsfreude immer wieder kulturellen Bestrebungen zur Verfügung; 1931 übernahm er die Leitung des „Mediascher Deutschen Bühnenvereins", dessen Aufführungen Aufsehen erregten und die Gründung des „Verbandes siebenbürgisch-deutscher Laienbühnen" auslösten. Folberths wegweisende Tätigkeit half mit, daß es zur Errichtung des Deutschen Landestheaters in Rumänien durch Gust Ongyerth (siehe dort!) kam. Jahre hindurch gehörte Folberth auch zum Hauptmitarbeiter der von Heinrich Zillich 1924 gegründeten und geleiteten Zeitschrift „Klingsor", ein Organ, das nicht nur den gesamtdeutschen, sondern auch den interethnischen Dialog suchte und fand. Hier veröffentlichte er nicht nur wissenschaftliche, sondern auch dichterische Beiträge (Gedichte, Erzählungen). Für Veröffentlichungen anderer Schriftsteller setzte er sich als geschäftsführender Vorsitzender der „Deutschen Buchgilde in Rumänien" ein. Als Kenner der ungarischen und rumänischen Geisteskultur und Geschichte sowie als Übersetzer ihrer Dichtungen war Folberth der Berufene, als Vermittler zwischen den in Siebenbürgen lebenden Nationen zu wirken. Er gestaltete die während seines Studiums als Mitglied des Eötvös-Kollegiums in Budapest und der Scoala Româna in Paris angeknüpften Kontakte weiter aus und bahnte Verbindungen zwischen der Klingsor-Gruppe und den magyarischen Intellektuellen, die sich um die Zeitschrift „Erdélyi Helikon" in Klausenburg scharten, sowie den Männern um den Historiker und späteren Ministerpräsidenten Nicolae Iorga an. Letzterer gab auch schon früh den Anstoß, in welche Richtung sich Folberths wissenschaftliches Lebenswerk entfalten sollte: 1964 krönte die siebenbändige Ausgabe von Schriften und Briefen aus dem bis dahin verstreuten Nachlaß des siebenbürgisch-sächsischen Reformpädagogen, Pfarrers und Nationalitätenpolitikers Stephan Ludwig Roth (siehe dort!) vier Lebensjahrzehnte intensiven Forschens.
Trotz Teilnahme auch am Zweiten Weltkrieg als Artilleriehauptmann und Kriegsberichterstatter in Südrußland, Flucht mit seiner Frau Gertrud, geborene Karres, und fünf Kindern und Aufbaus einer neuen Existenz in Österreich, erstellte Folberth das umfangreichste Werk, das je einem Deutschen aus Südosteuropa gewidmet worden ist. Damit verschrieb er sich einer der faszinierendsten Persönlichkeiten der südosteuropäischen Geschichte, die durch Folberths umfassendes Quellenwerk in ihrer Bedeutung gerade für noch heute anstehende Probleme und Aufgaben erst richtig erkannt worden ist. Hatte auch das umfangreiche wissenschaftliche Werk neben der Biographie Roths, die Folberth als gebürtigen Mediascher und als Roths nachmaligen Amtsnachfolger auf der Schule besonders am Herzen lag, noch andere Schwerpunkte und erschienen zahlreiche

Arbeiten, besonders solche mit historischen Themen über das 19. und 20. Jahrhundert sowie über Beziehungen zwischen Siebenbürgen und der österreichisch-ungarischen Monarchie, insbesondere zwischen österreichischem und siebenbürgischem Protestantismus, so hielt die Gestalt St. L. Roth Folberth auch weiterhin gefangen. Neben zahlreichen Aufsätzen und Vorträgen schaltete er sich lebhaft in die in West und Ost gleichermaßen sich verstärkende Roth-Diskussion ein, indem er in seinem Buch „Der Prozeß Stephan Ludwig Roth. Ein Kapitel Nationalitätengeschichte Südosteuropas im 19. Jahrhundert" (1959) das Drama der Erschießung Roths im Jahre 1849 durch genaue Dokumentation restlos klärte. Noch 1973 erstellte Folberth mit mehreren Mitarbeitern die verdienstvolle und ungemein arbeitsaufwendige „Stephan Ludwig Roth Bibliographie".
Seit 1947 lebt Otto Folberth, „die verdichtete Verkörperung rastlos forschender und produktiver Geistigkeit" (Skrehunetz-Hillebrand), in Salzburg, seit vielen Jahren als freier Forscher und Schriftsteller. Besonders in den Nachkriegsjahren stellte sich Folberth verantwortungsbewußt und wie selbstverständlich in den Dienst der Flüchtlingsarbeit in Österreich, wo er vor allem vom Österreichischen Forschungsinstitut für Wirtschaft und Politik (Salzburg) aus als Chefredakteur der Wochenschrift „Berichte und Informationen" weite Kreise ansprechen und wertvolle Aufklärungsarbeit leisten konnte. Noch heute gilt Otto Folberth als Wort- und Tatführer der in Österreich angesiedelten Siebenbürger Sachsen. Er war 17 Jahre lang die treibende Kraft der Österreichischen Sektion der Europäischen Forschungsgruppe für Flüchtlingsfragen (AER/AWR) und wirkte mit, das Los unschuldig in Not geratener Menschen in vielen Ländern zu mildern. Zahlreiche Ehrungen wurden ihm für seine Leistungen und Verdienste um die Integration der Flüchtlinge und Vertriebenen verliehen (unter anderem das Goldene Verdienstzeichen der Republik Österreich 1959, der Bürgerbrief der Stadt Salzburg 1966, das Silberne Verdienstzeichen des Landes Salzburg 1972).
Dieses regional engere Betätigungsfeld nicht verlassend, war Folberth einer der Wiederbegründer des Siebenbürgischen Landeskundevereins (mit Sitz in Heidelberg) und hat sich, besonders neben K. K. Klein (siehe dort!), um den Aufbau und die Neufindung des „Arbeitskreises für Siebenbürgische Landeskunde" sehr bemüht (Ehrenmitgliedschaft 1972). Daneben fand Folberth auch wieder die durch Kriegsereignisse und deren Folgen verschütteten Wege zu Wissenschaftlern und Künstlern in Rumänien. „Sein persönliches Verhältnis zum wissenschaftlichen Rumänien der Gegenwart kann als Pionierleistung nicht hoch genug veranschlagt werden" (Schwob). In diesem Zusammenhang sei auch sein 1973 erschienenes Buch über die „Gotik in Siebenbürgen. Der Meister des Mediascher Altars und seine Zeit" genannt, das in kulturhistorischer und kunstwissenschaftlicher Sicht ebenfalls eine bedeutsame Brücke zwischen Siebenbürgen und Österreich schlägt.

WERKE:

Aus über 500 Titeln seien genannt:

Meister Eckehart und Laotse. Ein Vergleich zweier Mystiker (= Religiöse Geister. Texte und Studien zur Vertiefung und Verinnerlichung religiöser Kultur. Bd. 17). Mainz 1925.

Stürmen und Stranden. Ein Stephan Ludwig Roth-Buch. 2. Auflage, Berlin 1934.

Liebesbriefe Stephan Ludwig Roths (= Wissenschaftliche Veröffentlichungen des evangelischen Presbyteriums in Mediasch, H. 1). Mediasch 1924.

Sterne im Tag. Gedichte (Bibliophiler Druck. 50 numerierte Exemplare). Schäßburg 1927.
Stephan Ludwig Roth. Gesammelte Schriften und Briefe. Aus dem Nachlaß herausgegeben. Bd. 1—6, 2. Auflage, Berlin 1970 (Die Wanderschaft, Die Heimkehr, Der Kampf, Die Schriften, Der Predigtstuhl der Zeit, Der Schwabenkönig). Bd. 7: Das Schicksal. Berlin 1964.
Der Prozeß Stephan Ludwig Roth. Ein Kapitel Nationalitätengeschichte Südosteuropas im 19. Jahrhundert (= Veröffentlichungen der Arbeitsgemeinschaft Ost. Bd. 1). Graz-Köln 1959.
Stephan Ludwig Roth. Ein Opferleben für Siebenbürgen. Aus den Schriften und Briefen Roths. 2. Auflage, München 1959.
Stephan Ludwig Roth Bibliographie. Unter Mitarbeit von Fr. Czikeli, C. Göllner, M. Kroner und M. Wellmann. In: Siebenbürgisches Archiv, Bd. 10, Köln-Wien 1973, S. 107—196.
Das Stundenglas. Roman (unveröffentlichtes Manuskript. Als solches 1955 preisgekrönt vom Südostdeutschen Kulturwerk, München).
Treckführer wurden zu Kirchengründern. Zwischenbilanz über die Seßhaftmachung der Siebenbürger Sachsen in Österreich. In: Vierteljahresschrift „Österreichische Begegnung", Wien 1960, Nr. 3 und 4.
Minister Thun und die Siebenbürger Sachsen. Ungeschriebene Kapitel der Geschichte des Protestantismus in Österreich. In: Jahrbuch der Gesellschaft für die Geschichte des Protestantismus in Österreich, Wien 1964, S. 47—65.
Gotik in Siebenbürgen. Der Meister des Mediascher Altars und seine Zeit. Wien-München 1973.

LITERATUR:

Klein, Karl Kurt: Professor Otto Folberth. In: Südostdeutsche Heimatblätter, 5. Jg., München 1956, S. 159—161.
Wittstock, Oskar: Otto Folberth. Zu seinem 70. Geburtstag. In: Südostdeutsche Vierteljahresblätter, 15. Jg., München 1966, Folge 3, S. 1—8.
Myss, Walter: Laudatio auf Otto Folberth, Hans Wühr und Fritz Kimm. In: Siebenbürgische Zeitung vom 15. 7. 1971, S. 3.
Schwob-Schuller, Ute Monika: Professor Dr. Otto Folberth — Ehrenmitglied des Arbeitskreises für Siebenbürgische Landeskunde. In: Korrespondenzblatt des Arbeitskreises für Siebenbürgische Landeskunde, III. Folge, 3. Jg., 1973, H. 1 und 2, S. 59—61.

FRANZ KARL FRANCHY

Geboren 21. September 1896 in Bistritz (Bistrița)
Gestorben 20. Februar 1972 in Wien

Die Vorfahren Franchys waren Hugenotten gewesen, die es ins Burgenland verschlug. Aus Tatzmannsdorf kam der junge Lehrer Josef Franchy in seinen Wanderjahren nach Bistritz (Bistrița) in Siebenbürgen, ließ sich hier nieder und gründete eine Familie: am 21. September 1896 wurde ihm hier sein Sohn Franz Karl geboren. Franz Karl Franchy besuchte die Schule in Bistritz, wo ihn schon als Gymnasiast die Macht der Worte ergriff: „Gedichte marschierten auf, die Worte trugen Brokat und Hermelin" (Franchy). Später kam er in ein Konvikt nach Klausenburg (Cluj); hier erwachte sein unwiderstehlicher Hang zum Theater, das er — wann immer es sich einrichten ließ — eifrig besuchte. Ihm sollte Franchy bis an sein Lebensende treu bleiben!

Nach dem Abitur studierte er in Klausenburg und Debreczin Germanistik, Latein und Philosophie. Der Erste Weltkrieg unterbrach sein Studium, als Soldat geriet er nach Russisch-Polen, eine Verwundung machte ihn wehruntauglich und zwang Franchy als Leutnant zum Garnisonsdienst in Hermannstadt (Sibiu) und Bistritz (Bistriţa). Wie für viele junge Menschen bedeutete auch für ihn der Weltkrieg einen tiefen Einschnitt; er beendete sein argloses Jungsein. Es folgte eine unstabile Zeit zunächst in Bistritz, wo er neben Schreiben, Philosophieren und Debattieren auch noch seiner ersten Lehrverpflichtung nachkam, die ihn aber unbefriedigt ließ. Ihn lockte die Fremde und ein noch ungewisser dichterischer Auftrag. Franchy wagte den Sprung nach Wien und führte dort ein kümmerliches Leben. Jahrelang war er dann im Burgenland als Lehrer tätig und verbreitete mit ausdrücklichem Auftrag auf Vortragsreisen quer durch das Land, in Volkshochschulkursen, auf Ausstellungen, in Veröffentlichungen u. dgl. deutsches Wort und deutsche Kultur. Seit 1931 erlebte Franchy das Glück und die Not eines freiberuflichen Schriftstellers. Es sollte 1936 werden, bis ihm der Durchbruch gelang, „dann aber mit einer Resonanz, der charakterlich standzuhalten nicht leicht fiel" (Franchy).
Stücke von ihm wurden im Skala-Theater, in der „Insel", im Raimund-Theater, alle Wien, aufgeführt. Das Deutsche Landestheater in Rumänien und die Exl-Bühne, Tirol, griffen nach seinen Werken. 1937 wurde seine Studententragödie „Summa cum laude" vom Burgtheater angenommen und bald darauf auch vom Deutschen Theater in Berlin nachgespielt. Dieses Stück, der inneren und sozialen Not der Werkstudenten gewidmet, brachte Franchy eine Ehrung des damaligen Rektors der Universität Wien wie auch der Hochschülerschaft ein. Franz Karl Franchy ist vorerst der einzige Siebenbürger Dramatiker, der im Burgtheater gespielt wurde. Den größten äußeren Erfolg errang er mit seinem Volksstück „Vroni Mareiter", das in Köln uraufgeführt wurde, über 50 Bühnen eroberte und in etwa 1500 Vorstellungen auf nahezu allen größeren Bühnen des deutschen Sprachgebietes Anerkennung erfuhr. Der Stoff wurde auch verfilmt und 1960, ebenso wie sein Stück „Anna Gorth", vom österreichischen Fernsehen gesendet. Das Schauspiel „Zwischen den Geleisen" wurde 1955 mit dem Staatspreis für Dramatik des österreichischen Unterrichtsministeriums ausgezeichnet. Alle seine Schauspiele kreisen um Themen sozialer oder ethischer Art, doch nur, um die Frage nach der Menschlichkeit bloßzulegen. Die Neigung zu ländlich bäuerlicher Welt ist besonders in der Dichtung Österreichs auffällig, und Franchys siebenbürgische Herkunft, die siebenbürgische Gemeinschaft in der österreichisch-ungarischen Monarchie, die erlebnisreiche Bekanntschaft mit der Umwelt des sächsischen, rumänischen und ungarischen Bauern ermöglichten und erleichterten ihm die dichterische Heimatfindung in Österreich. Doch reicht Franchy über den engen Kreis der Heimatdichtung weit hinaus. Kein siebenbürgisch-sächsischer Dichter ist so erfolgreich als Dramatiker gewesen wie Franchy. Mehr als in seiner langen Liste von Dramen spiegelt sich in seinen Erzählungen und besonders in seinen sechs großen Romanen (hier besonders wiederum in seiner balladenhaften Hirtengeschichte aus der Karpatenlandschaft „Abel schlägt Kain") die siebenbürgische, heimatliche Welt wieder, der er zeit seines Lebens verwurzelt blieb, auch wenn er nicht in ihr lebte. Immer wieder wußte er jede Gelegenheit wahrzunehmen, um „nach Hause" zu fahren. Franchy, ausgestattet mit einer sehr

sensiblen und phantasievollen Natur, stets durchdrungen vom Überfluß und Überschwang dichterischen Lebensgefühls, der sich nicht leicht lebte und es sich auch nicht leicht machte, starb am 20. Februar 1972 in Wien. Eine große Anzahl erzählender und dramatischer Werke warten noch auf eine posthume Veröffentlichung.

WERKE:

Schauspiele: Ans Kreuz geschlagen; Juliane; Mutter; Die Bergglocke; Nero; Einbruch der Wirklichkeit; Der junge Wolf; Summa cum laude; Vroni Mareiter; Gesicherte Existenz; Anna Gorth; Zwischen den Geleisen.

Epische Werke: Die Mafta, Berlin 1940, Erzählung. Maurus und sein Turm, Berlin 1941, Roman. Spießer und Spielmann, Berlin 1948, Roman. Abel schlägt Kain, 1951, Roman. Ankläger Mitmann, Wien 1952, Roman. Berufene und Verstoßene, Wien 1961, Roman. Die vielen Tage der Ehe, Wien 1961, Roman.

Kurzgeschichten, Feuilletons, Essays, Gedichte.

LITERATUR:

Wühr, Hans: Mehrere kürzere Abhandlungen in: Südostdeutsche Heimatblätter, 3. Jg., München 1954, S. 129—130, und 5. Jg., München 1956, S. 162—163, sowie in: Südostdeutsche Vierteljahresblätter, 21. Jg., München 1972, Folge 2, S. 123—124. Besonders aber: Franz Karl Franchy. Zu seinem 65. Geburtstag. In: Südostdeutsche Vierteljahresblätter, 10. Jg., München 1961, Folge 4, S. 189—194.

o. A. (W. W.): Der Weg aus der provinziellen Enge. Siebenbürgisch-sächsische Dichter fanden Gehör im ganzen deutschsprachigen Raum. In: Siebenbürgische Zeitung vom 15. 3. 1962, S. 5—6.

Zillich, Heinrich: Zum 75. Geburtstag des Dichters Franz Karl Franchy. In: Südostdeutsche Vierteljahresblätter, 20. Jg., München 1971, Folge 3, S. 195.

Selbstporträt

HANS FRONIUS

Geboren 12. September 1903 in Sarajevo

Einer der führenden lebenden Graphiker und Buchillustratoren, Hans Fronius, wurde am 12. September 1903 in Sarajevo als Sohn des aus dem siebenbürgischen Schäßburg (Sighişoara) stammenden Arztes Fritz Fronius geboren. Weitere Vorfahren entstammten zum Großteil dem traditionsreichen Pfarrstand. Mütterlicherseits kommt Fronius aus der aus Italien nach Wien zugewanderten Künstlerfamilie Passini, aus der besonders Kupferstecher und Aquarellisten hervorgingen. 1914, also elfjährig, war Fronius (ähnlich wie Ludwig Heßhaimer; siehe dort!) Augenzeuge des auf den österreichischen Thronfolger verübten Mordanschlages. In Graz besuchte Fronius die Höhere Schule.

Nach dem Ende des Ersten Weltkrieges gelangte er nach Wien und absolvierte hier von 1922 bis 1928 die Akademie der Bildenden Künste unter den Professoren Karl Sterer und Alois Delug. Während dieser und der nachfolgenden Jahre

führten ihn weite Reisen nach Italien, Frankreich, Deutschland, Dänemark und Holland. Seit 1930 war Fronius als Lehrer für Kunsterziehung und Darstellende Geometrie an Mittelschulen tätig, zunächst in Graz, dann viele Jahre in Fürstenfeld in der Oststeiermark. Den Zweiten Weltkrieg erlebte Fronius in Rußland und Italien.
In den Jahren 1960 bis 1965 wirkte er an der Mittelschule in Mödling und lebt heute in Perchtoldsdorf bei Wien.
Fronius' Illustrationswerk umfaßt allein 60 Veröffentlichungen. Dem „Imaginären Porträt" Franz Kafkas, dessen dichterisches Werk ihn schon 1925 „blitzartig getroffen" hatte, folgte bald eine beinahe endlose Reihe weiterer Illustrationen, so unter anderem zu Werken von Julien Green, Honoré de Balzac, François Villon, F. M. Dostojewski, Nicolai Gogol, Thornton Wilder, Reinhold Schneider, Edgar Allan Poe, Werner Bergengruen, Stefan Zweig, Annette von Droste-Hülshoff, Rudolf Borchardt, Adalbert Stifter, Robert L. Stevenson, Georg Trakl, Hans Weigel, Thomas Mann, Ernst Jünger, Hugo von Hofmannsthal.
Allseits wurde Fronius' absolute physiognomische Treffsicherheit gerühmt. Über den berühmteren Illustrator sollte aber der stärkere freie Künstler nicht verkannt sein! Die Einengung seiner Bedeutung auf den Illustrator ist verfehlt; Fronius ist vielmehr der dem Dichter kongenial Schaffende. Seine „schöpferische Interpretation" (Benesch) setzt naturgemäß eine tiefe, innere Beziehung zum literarischen Werk voraus. Unmittelbare Vorbilder hatte Fronius nicht gehabt, auch wenn er die Begegnung mit Alfred Kubin als eine lebensentscheidende ansieht, der ein über Jahrzehnte reichender Briefwechsel der beiden Künstler folgte. Doch so sehr sich Kubin der dämonischen Seite des Lebens ausgeliefert fühlte, so ist für Fronius weit mehr die Bewältigung des Grauens entscheidend.
Daneben galt Fronius' Liebe auch der Welt des Theaters, aus der er immer wieder Themen aufgriff; unter anderem legt eine außerordentliche Zahl von illustrierten Programmen davon Zeugnis ab.
Ebenso geben die einsamen Wasserläufe der Fürstenfelder Wahlheimat, die seit der Übersiedlung des Künstlers nach Perchtoldsdorf in den verlassenen, von dürftigen Gehölzen umrahmten Tümpeln der Donauauen um Wien ihre Nachfolger gefunden hat, seinem Gesamtwerk augenfällige Akzente. Seine Werke zeichnet ein eigentümliches Dunkel, ein „Nicht-Licht" (Reinhold Schneider) aus. In der großformatigen Landschaftslithographie zeichnet Fronius übrigens direkt auf den Stein, weil er, abgesehen von allen Originalitäts- und Qualitätsfragen, von der absolut konzentrationsfördernden Herausforderung dieses Verfahrens überzeugt ist; auch fertigt er nicht mehr als 150 bis 200 Abzüge von jeder Arbeit an. Seine graphischen Techniken umspannen einen weiten Bereich, die ihm alle Möglichkeiten des Ausdrucks geben. Seit jeher hat Fronius neben der Graphik seine Malerei in Öl betrieben, wenn auch immer etwas in ihrem Schatten. Seit 1945 konnte Fronius ca. 50 Personalausstellungen im In- und Ausland zeigen; die wichtigsten waren: 1952 Graphische Sammlungen Albertina, Wien, 1955 Paris, 1957 Mexiko City, 1958 Biennale von Venedig, 1967 Nationalbibliothek in Madrid, ferner Hamburg, Bremen, Stuttgart, München, Offenbach, Würzburg, Mannheim, Stockholm, Baden-Baden, Köln usw. Die größte und wichtigste Ausstellung fand 1972 in der Albertina, Wien, statt.

Zahlreiche Preise und Auszeichnungen wurden Fronius zuteil, darunter 1937 die Goldene Staatsmedaille Österreichs, 1950 der Meisterpreis für Malerei und Graphik des Österreichischen Industriellenverbandes, 1955 der Preis des Bundesministeriums für Unterricht, 1965 Preise der Buchkunstausstellung Leipzig, 1967 der Große Österreichische Staatspreis und 1968 die Ehrenmedaille der Bundeshauptstadt Wien in Gold.
Seine weitverstreuten Werke befinden sich in der Graphischen Sammlung Albertina in Wien, im Bundesministerium für Unterricht, in der Österreichischen Galerie in Wien, im Cabinet d'Estampes Paris, im Museum of Modern Art New York, im Kupferstichkabinett Dresden, im Klonspor-Museum Offenbach, im Gutenberg-Museum Mainz, in den österreichischen Landesgalerien sowie in in- und ausländischem Privatbesitz.

WERKE:

Neben Malereien rund 60 Illustrationswerke (Bücher und Mappenwerke);
Mappenwerk „Mytholgraphia“ (1970);
Blätter und Zeichnungen aus dem Wiener Neustädter Dom (1972);
Zyklus „Bilder und Gestalten“ (20 Originalradierungen).

LITERATUR:

Benesch, Otto und Hofmann, Werner: Hans Fronius. Graz 1953.
Martin, Gunther: Buchkunst und schwarz-weiße Magie. Zum 60. Geburtstag des Graphikers Hans Fronius am 12. September 1963. In: Siebenbürgische Zeitung vom 15. 9. 1963, S. 5.
Reisinger, Josef: Der Graphiker Hans Fronius. In: Südostdeutsche Vierteljahresblätter, 13. Jg., München 1964, Folge 2, S. 69—70.
Koschatzky, Walter: Hans Fronius. Zeichnungen und Gemälde. Salzburg o. J. (1967).
Heller, Elisabeth: Handschrift der Imagination. In: Salzburger Nachrichten vom 28. 10. 1972, S. 5.
Koschatzky, Walter: Hans Fronius. Bilder und Gestalten. Mit einem Werkkatalog der Holzschnitte, Radierungen und Lithographien 1922—1972 von Leopold Rethi (= Österreichische Graphiker der Gegenwart, hrsg. von Kristian Sotriffer. Bd. 8). Wien 1972.

Ferner wurde das Werk des Künstlers in vier Kultur- und mehreren Fernsehfilmen festgehalten.

KARL GABRIEL FREIHERR GERINGER VON OEDENBERG

Geboren 2. März 1806
Sterbedatum unbekannt

Karl Freiherr von Geringer wurde am 2. März 1806 geboren. Sein Vater Gabriel, als Ritter des Maria-Theresien-Ordens 1802 in den österreichischen und 1808 in den ungarischen Freiherrnstand erhoben, war Generalmajor in Hermannstadt (Sibiu). Seine Mutter Anna Christine Sophie war eine geborene von Brukenthal. Karl wuchs in einer begüterten, angesehenen und allen kulturellen und wissenschaftlichen Bestrebungen sehr aufgeschlossenen Familie auf, in der reger gesellschaftlicher Verkehr herrschte.

Nach der heimatlichen Gymnasialzeit absolvierte Karl von Geringer das rechts- und staatswissenschaftliche Studium in Wien und begann seine amtliche Laufbahn zunächst bei der niederösterreichischen Regierung. 1831 trat er zur allgemeinen Hofkammer über und zeichnete bis 1848 für die Geschicke sämtlicher Kredit-, Kameral- und Handelsangelegenheiten der ganzen Monarchie mitverantwortlich. Unter seiner Ägide wurde eine Reihe von Reformen durchgeführt, so unter anderem eine wesentliche Belebung des österreichischen Handels mit dem türkischen Reich. Dies hatte die Errichtung eines österreichischen Generalkonsulates in Konstantinopel (Istanbul) zur Folge, deren Errichter und erster Leiter Geringer war. Nach seiner Rückkehr aus der Türkei trat er in das mittlerweile gegründete Handelsministerium. In seiner Eigenschaft als österreichischer Regierungskommissär nahm er in Frankfurt am Main an Beratungen zu einer Zolleinigung unter allen deutschen Staaten teil. Vorübergehend wurde er auch mit der Leitung der Kabinettskanzlei des deutschen Reichsverwesers Erzherzog Johann betraut.

1848 wurde Geringer vom Ministerium Schwarzenberg zum bevollmächtigten kaiserlichen Kommissär für Siebenbürgen ernannt und bemühte sich besonders in Ungarn um eine Rückführung geordneter Verhältnisse aus den chaotischen Zuständen, denen das Land während der Bekämpfung des Aufstandes verfallen war.

1852 trat Geringer als Sektionschef ins Innenministerium zurück, wurde dort Stellvertreter des Handelsministers, Reichsrat sowie Staatsrat. All diese Titel und Ehrungen (1852 Großkreuz des k. k. Franz-Joseph-Ordens und des k. österreichischen Leopold-Ordens) zeigen, mit welcher Umsicht und mit welchem Weitblick Geringer seiner verantwortungsvollen Arbeit bis zu seinem Ruhestand 1868 nachkam. Geringer war mit Marie von Laubenbach verheiratet und hinterließ bei seinem Tod zwei Töchter.

LITERATUR:

Friedenfels, Eugen von: Joseph Bedeus von Scharberg. Beiträge zur Zeitgeschichte Siebenbürgens im 19. Jahrhundert. 2. Teil (1848—1858), Wien 1877, S. 465—468.

o. A.: Ergänzungen und Berichtigungen zu Josef Trauschs und Friedrich Schullers Schriftsteller-Lexikon der Siebenbürger Deutschen. In: Korrespondenzblatt des Vereins für siebenbürgische Landeskunde, 32. Jg., Hermannstadt 1909, Nr. 4—5, S. 60—62.

FRITZ GÖLLNER

Geboren 1883 in Kronstadt (Brașov)
Sterbedatum unbekannt

Standen Josef Breitenstein (siehe dort!) und Ernst Friedrich Beer (siehe dort!) als tapfere Vorkämpfer für den 1921 erfolgten Anschluß des Burgenlandes an Österreich im Licht der Öffentlichkeit und wurden sie auch durch öffentliche Institutionen ausgezeichnet, so sei an dieser Stelle auch deren Landsmann Fritz Göllner genannt.

Der gebürtige Kronstädter lebte und wirkte als Apotheker zur damaligen Zeit in Deutschkreuz, südlich von Ödenburg. Göllner gibt ein Beispiel dafür, wie sehr der offen zu Österreich neigende Teil der Bevölkerung dem nationalistischen Terror der Ungarn ausgesetzt war, bevor es durch die beiden Friedensverträge von St. Germain und Trianon zur rechtsgültigen Abtretung des Gebietes durch Ungarn kam.

Hetze und Denunziation der wenigen ungarischen Beamten des sonst rein deutschen Ortes Deutschkreuz spielten Göllner in die Hände der Freischärler. Er wurde verhaftet, wochenlang gefangen gehalten und auf bestialische Art mißhandelt. Doch selbst die Umtriebe dieser rohen Beamten nützten Ungarn nichts; es mußte das Burgenland Österreich überlassen. Dadurch ist der mutige Einsatz Göllners und sein Eintreten für die deutschsprachige Bevölkerung des Burgenlandes trotz aller erlittenen Unbill gerechtfertigt. 1924 wurde Göllner wegen seiner Verdienste um die Deutscherhaltung des Burgenlandes von der Ortschaft Deutschkreuz zum Ehrenbürger ernannt.

Freilich konnte auch er nicht verhindern, daß die natürliche Hauptstadt des Burgenlandes, Ödenburg, durch den bekannten Abstimmungsschwindel Österreich verlorenging. Wie gerne die Stadt zum Burgenland gehören würde, läßt sich daraus ermessen, daß während des ungarischen Aufstandes im Herbst 1956 ihre halbe Bevölkerung, einschließlich fast der gesamten, noch von Maria Theresia gegründeten Berg- und Forstakademie (80 Professoren und 700 Studenten), nach Österreich flüchtete.

LITERATUR:

Folberth, Otto: Vorkämpfer des Selbstbestimmungsrechtes. Siebenbürger Sachsen — Mitschöpfer des Burgenlandes. In: Siebenbürgische Zeitung vom 15. 12. 1961, S. 7—8.
Miltschinsky, Viktor: Das Verbrechen von Ödenburg. In: Die Aula, Graz, 12. Jg., Oktober 1961, S. II f.

KARL ANDREAS GRÄSER

Geboren 5. Februar 1849 in Mediasch (Mediaş)
Gestorben 22. August 1899 in Wien

Der im Weinland geborene K. A. Gräser widmete sich seit seinem 14. Lebensjahr dem Buchhandlungsfache und trat bald als Buchhalter in die Firma Johann Hölzel in Olmütz, der er auch später acht Jahre als Kompagnon angehörte, ein. 1875 gründete er in Wien die Verlagsbuchhandlung Gräser in der Akademiestraße und übersiedelte auch dorthin. Der Verlag nahm durch die rührige Tätigkeit Gräsers einen bedeutenden Aufschwung. Namentlich waren es Schul- und Hilfsbücher, mit denen er sich beschäftigte, so die vom österreichischen Unterrichtsministerium herausgegebenen Vorlagenwerke, die in allen Schulen eingeführten Ausgaben deutscher Klassiker mit Kommentaren von hervorragenden österreichischen Schulmännern und Gelehrten. Gräser wurde für seine Verdienste auf verlegerischem Gebiet mehrfach durch kaiserliche Handschreiben und 1890 durch die Verleihung des Titels „kaiserlicher Rat" ausgezeichnet, auch wurden einige seiner Verlagserscheinungen in die kaiserliche Familienbibliothek aufgenommen. Auch vortreffliche Jugendschriften mit Inhalten aus der österreichischen und besonders der siebenbürgisch-sächsischen Geschichte erschienen in seinem Verlage. Er starb am 22. August 1899 in Wien.

LITERATUR:

Schuller, Friedrich: Schriftsteller-Lexikon der Siebenbürger Deutschen (Ergänzungsband zu J. Trausch, Schriftsteller-Lexikon oder biographisch-literarische Denkblätter der Siebenbürger Deutschen). Bd. IV, Hermannstadt 1902, S. 153.

HERMANN GROSS

Geboren 23. Jänner 1903 in Kronstadt (Braşov)

Hermann Gross wurde am 23. Jänner 1903 in Kronstadt (Braşov) als ältester Sohn des Direktors des Honterus-Gymnasiums Julius Gross und dessen Frau Marie, geborene Tontsch, geboren. Die prägenden Kräfte seiner Jugend waren einerseits die hohe Kultur des traditions- und selbstbewußten deutschen Volksstammes der Siebenbürger Sachsen, deren städtisches Bürgertum die deutsche Geistesentwicklung durch die Jahrhunderte mitbestimmt hatte, andererseits auch das Erlebnis des fremden Volkstums und die Selbstverständlichkeit des Umgangs wie der Verständigung mit Menschen verschiedener Sprache und Nationalität. In die entscheidenden Jahre seiner Entwicklung fiel der Zusammenbruch der Donaumonarchie, der für Siebenbürgen einen Staatswechsel von der ungarischen zur rumänischen Hoheit bedeutete. Die Lehren jener Umbruchsjahre wurden bestimmend für seine Charakterentwicklung. Veranlagung und Jugenderfahrungen

fügten sich hinfort auf glückliche Weise zur Entfaltung eines weltoffenen Wesens in Verbindung mit überzeugter Toleranz gegenüber fremdem Volkstum und Andersdenkenden. Früh schon waren die Merkmale der späteren Forscherpersönlichkeit vorgezeichnet: Unkompliziertheit, Realitätssinn, Gründlichkeit und Praxisbezogenheit.
1921 begann Gross sein Studium der Handelswissenschaften und modernen Sprachen in Kiel und beendete diese an der Handelshochschule in Leipzig mit dem Diplomkaufmann (1924), dem Diplomvolkswirt (1925), dem Doktor der Staatswissenschaften (1927, Doktorarbeit: „Deutsch-Rumänische Wirtschaftsbeziehungen"); 1936 habilitierte er sich (Habilitationsarbeit: „Südosteuropa, Bau und Entwicklung der Wirtschaft").
Schon im ersten Semester in Kiel erwarb Gross die Achtung seines Lehrers Gülich, der ihn nach Abschluß seiner Studien in Leipzig als seinen Assistenten an die Bibliothek des bekannten Instituts für Weltwirtschaft in Kiel rief. Schon ein Jahr später holte Wiedenfeld seinen Schüler zurück nach Leipzig, um mit dessen erfahrener Hilfe das Institut für Mittel- und Südosteuropäische Wirtschaftsforschung an der Universität Leipzig aufzubauen, das Gross dann von 1936 an als stellvertretender Direktor führte. Gross entwickelte sich hier zum wirtschaftswissenschaftlichen Südostforscher, wobei ihn eine auffallende Sprachbegabung sehr unterstützte. Unter wesentlicher Mithilfe von Gross wurde ein Institut für Geschichte und Kultur Südosteuropas geschaffen, doch vereitelte der Krieg dessen Entwicklung. Die Leipziger Institute errangen jedenfalls schnell den in Deutschland und im Ausland anerkannten Ruf eines Zentrums der gesellschaftswissenschaftlichen Südosteuropaforschung; sie brachten grundlegende und wegweisende Untersuchungen heraus und zogen die Studenten aus Südosteuropa — darunter spätere hohe Politiker — an.
Als Gross 1939 ein großzügiges Angebot der IG-Farbenindustrie AG, Berlin, zur Ausgestaltung einer Wiener Zweigstelle ihrer volkswirtschaftlichen Abteilung gemacht wurde, fiel die Entscheidung nicht schwer; hatte doch Wien eine Fülle an Arbeitsmöglichkeiten für den Südosten zu bieten. Er wurde nun Leiter dieser Abteilung, zugleich war er Dozent und ab 1943 Professor für Volkswirtschaftslehre an der Universität Wien und an der Hochschule für Welthandel Wien. So vereinigte Gross eine Reihe von Forschungs- und Lehrtätigkeiten, da auch der Mitteleuropäische Wirtschaftstag, Berlin, der in Wien eine Südoststiftung zur Heranbildung junger Kaufleute für Südosteuropa errichtet und die Hochschule für Welthandel zur Durchführung dieses Programms gewonnen hatte. Diese Zeit war von reger Publikationstätigkeit begleitet. Seine Studenten dankten ihm seine ausgezeichneten, hohe Anforderungen stellenden Vorlesungen sowie die systematische, wissenschaftliche Grundausbildung, die er ihnen mitgab, mit steigender Beliebtheit. Die Wiener Jahre waren trotz der Kriegsumstände reich an fachlichen und menschlichen Begegnungen; dazu kamen zahlreiche, oft mehrmonatige Auslandsreisen, die nach dem Krieg sogar noch intensiviert wurden und die Gross' praktische Erfahrung sehr zugute kamen. Studien- und Vortragsreisen führten ihn in alle europäischen Länder, einschließlich Ost- und Südosteuropa, in die Türkei sowie in die USA, wo er auch vorübergehend Gastprofessor an der Universität von Georgia war. Im Zusammenhang mit der Forschungstätigkeit

im Rahmen der Volkswirtschaftlichen Abteilung der IG-Farben traten vor allem Studien über die Intensivierungsmöglichkeiten der Landwirtschaft, über Industrialisierung, Ausbau des Verkehrswesens und der außenwirtschaftlichen Verflechtung in den Vordergrund. Die Erfahrungen seiner Tätigkeit bei den IG-Farbwerken während des Krieges konnte Gross später im Dienste der deutschen chemischen Industrie und darüber hinaus der gesamten deutschen Volkswirtschaft gegen die Teilungsabsicht der Alliierten auswerten. Gross stellte zudem seine Ideen und praktischen Erfahrungen in den Dienst einer modernen wirtschaftlichen Entwicklungspolitik zur organischen Erschließung der südosteuropäischen Volkswirtschaft.

Nach dem Zusammenbruch 1945 arbeitete Gross bis 1957 wieder am Institut für Weltwirtschaft in Kiel, wo er dann später eine Professur an der Staatswissenschaftlichen Fakultät übernahm.

1962 endlich wurde Gross nach München an das Institut für Wirtschaft und Gesellschaft Südosteuropas berufen, auf die erste und einzige Lehrkanzel dieser Art! 1971 wurde er emeritiert.

Gross' Forschungstätigkeit hat im wesentlichen zwei Schwerpunkte: einerseits die Wirtschaft Südosteuropas und andererseits der Wirtschafts- und Bildungskampf zwischen West und Ost, wobei weltweite aktuelle Probleme über Großräume sowie die Frage nach Entwicklungshilfe nicht ausgeklammert werden.

Die deutsche Südosteuropaforschung und die deutsche Wirtschaftswissenschaft besitzt in Hermann Gross einen Gelehrten, der eine konstruktive Synthese zwischen praktischer Tätigkeit auf Grund persönlicher Erfahrung und wissenschaftlicher Forschung und Lehre gefunden hat, dessen Denken stets auf das Wesentliche gerichtet ist und dessen Mitgliedschaft bei zahlreichen Institutionen und internationalen Vereinigungen einen weiten Aktionsradius kennzeichnen.

WERKE:

Vergleiche hierzu:

Gülich-Bielenberg, Hanna: Das Schrifttum von Hermann Gross. In: Südosteuropa-Schriften, Bd. 4: Wirtschaftswissenschaftliche Südosteuropa-Forschung. Grundlagen und Erkenntnisse. München 1963, S. 343—350.

Meier, Jens: Veröffentlichungen von Hermann Gross. In: Die Außenwirtschaft Südosteuropas. Entwicklung — Probleme — Perspektiven. Hrsg. von Jens Meier und Johann Hawlowitsch (= Schriften der Studiengesellschaft für mittel- und osteuropäische Partnerschaft, Wiesbaden). Köln o. J. (1970), S. 24—26.

Seine mehr als 100 Veröffentlichungen behandeln vorwiegend wirtschaftspolitische Fragen, insbesondere Ost- und Südosteuropas, Probleme der wirtschaftlichen Zusammenarbeit in Europa (EWG, EFTA, COMECON) und der Weltwirtschaft (Atlantische Gemeinschaft, Kennedy-Runde) sowie Fragen der materiellen Konzentration und der wirtschaftswichtigen Forschung. Zudem ist er Mitherausgeber von: Osteuropa-Wirtschaft, Stuttgart; The East European Quarterly, University of Colorado, Boulder, USA.

LITERATUR:

o. A.: Ein Lehrstuhl für die Wirtschaft Südosteuropas. In: Siebenbürgische Zeitung vom 15. 11. 1962, S. 5.

Vogel, Rudolf: Hermann Gross — Forschung, Lehre, Leben. In: Südosteuropa-Schriften, Bd. 4: Wirtschaftswissenschaftliche Südosteuropa-Forschung. Grundlagen und Erkenntnisse. München 1963, S. 1—8.

Stratil-Sauer, G.: Österreichische Gelehrte im Ausland. Hermann Gross, München. In: Österreichische Hochschulzeitung vom 1. 7. 1963, Nr. 13.

Hönig, Alfred: Professor Dr. Hermann Gross 60 Jahre. In: Südostdeutsche Vierteljahresblätter, 12. Jg., München 1963, Folge 2, S. 103.

a. d. (Domes, Alfred): Hermann Gross — 70 Jahre. In: Dokumente und Kommentare zu Ost-Europa-Fragen. Bonn 1973, Nr. 1 (S. I—IV).

ANDREAS RITTER VON GUNESCH

Geboren 1799 in Mediasch (Mediaş)
Gestorben 7. August 1875 in Wien

Ger gebürtige Mediascher (1799), Andreas Gunesch, besuchte das Gymnasium seiner Vaterstadt und studierte anschließend Theologie in Göttingen. Als Vikar und Katechet kam er 1828 nach Wien und wurde von Kaiser Ferdinand I. 1836 zum geistlichen Rat bei dem evangelischen Consistorium A. B. in Wien ernannt. Das Ende seiner theologischen Laufbahn war zugleich auch der Höhepunkt: 1862 bestellte ihn die Diözese Wien durch freie Wahl ihrer Presbyterien zum Superintendenten, nachdem er zuvor schon stellvertretend die inner- und niederösterreichische Superintendentur in Wien innehatte.
Kaiserliche Huld erfuhr Gunesch durch Verleihung des Ordens der Eisernen Krone dritter Klasse, und vom König von Preußen erhielt er den roten Adlerorden dritter Klasse.
Andreas Ritter von Gunesch starb am 7. August 1875 in Wien.

LITERATUR:

Trausch, Joseph: Schriftsteller-Lexikon der Siebenbürger Deutschen. Bd. II, Kronstadt 1870, S. 45—47.
Schuller, Friedrich: Schriftsteller-Lexikon der Siebenbürger Deutschen. Bd. IV, Hermannstadt 1902, S. 163.
Folberth, Otto: Schützenhilfe aus Siebenbürgen für die evangelische Kirche in Österreich. Eine wenig bekannte Episode um das Protestantenpatent. In: Glaube und Heimat. Evangelischer Kalender für Österreich. Wien 1962, 16. Jg., S. 82—86.
Folberth, Otto: Bedeutende Siebenbürger Sachsen in Österreichs Vergangenheit. In: Festschrift, hrsg. anläßlich des 100jährigen Bestandes des Vereins der Siebenbürger Sachsen in Wien. Wien o. J. (1971).
Ferner: W, 6, 34.

EGON HAJEK

Geboren 6. November 1888 in Kronstadt (Braşov)
Gestorben 18. Mai 1963 in Wien

Nur ein dünner Faden verband Egon Hajek blutmäßig mit dem Sachsentum Siebenbürgens, und doch bekannte er sich zeit seines Lebens zu ihm. Seine Großmutter mütterlicherseits war Kronstädterin und entstammte der alteingesessenen Familie Fabricius. Sein Vater war böhmischer k. u. k. Militärkapellmeister aus der Nähe von Prag, seine 40 Jahre jüngere Mutter Berta entstammte einer Familie von Berufsoffizieren, dem ungarischen Geschlechte der Ritter von Asboth mit irischer Provenienz. Sie war eine lebenssprühende, dem Klavierspiel leidenschaftlich verhaftete Frau. So war Hajek von beiden Elternteilen musikalisch vorbelastet. Die siebenbürgisch-sächsische Durchschlagskraft zeigte sich unter anderem darin, daß der kaum zehnjährige, katholisch getaufte Egon mit seinem fast siebzigjährigen Vater gemeinsam konvertierte.

Egon Hajek wurde am 6. November 1888 in Kronstadt (Braşov) geboren. Schon während seiner Schulzeit, die er in Kronstadt verbrachte, wurde im großen Freundeskreis viel musiziert. Nach Absolvierung des Gymnasiums 1908 studierte er in Berlin und Budapest Germanistik, Latein, Theologie und aus Liebhaberei Musik. In Budapest erwarb er seinen Doktor der Philosophie und wurde noch vor dem Ersten Weltkrieg Lehrer für Deutsch und Latein am Honterus-Gymnasium in Kronstadt. Jetzt heiratete er auch seine Frau Adele, geborene Harth, die dem labilen und schwierigen Menschen Hajek eine treue Lebensgefährtin wurde.
Während des Krieges übernahm er die durch den plötzlichen Tod von Musikdirektor Rudolf Lassel frei gewordene Stelle des Stadtkantors an der „Schwarzen Kirche", kehrte aber bald wieder in den Schuldienst zurück. 1925 bewarb sich Hajek mit Erfolg um die Pfarrstelle auf dem Martinsberg in Kronstadt, 1929 wurde er in die neu zu gründende Pfarrei Neubau in Wien berufen und übernahm 1932 bis zu seiner Pensionierung im Jahr 1956 die größte evangelische Gemeinde von Wien: Währing. Daneben übernahm Hajek als Kirchenrat und Referent des Oberkirchenrates für Kirchenmusik die Neuregelung des evangelisch-kirchenmusikalischen Lebens in Österreich und wurde 1938 Professor für Evangelische Kirchenmusik (Hymnologie und Liturgik) an der Akademie für Musik und darstellende Kunst in Wien. Als solcher und als Lehrer für Kirchenmusik an der Evangelisch-Theologischen Fakultät der Universität Wien wirkte er bis zu seinem 70. Geburtstag 1958.
Die letzten Lebensjahre konnte sich Hajek verstärkt seinem schriftstellerischen Wunschtraum widmen: er arbeitete an seinem umfangreichen Roman über den Lebensweg des Thomaskantors Johann Sebastian Bach, des großen Meisters, der ihn sein „ganzes Leben hindurch mit sich am Gängelband geführt" hatte (Hajek).
Hajeks Lebenswerk ist dreifacher Art:
Am Katheder und auf der Kanzel war er vor allem Erzieher. Seine Stärke war die freie, anekdotengewürzte Rede. Hierher gehören auch seine vielen Diavortragsreihen über siebenbürgisch-sächsische Baudenkmäler und seine Hörspiele zum gleichen Thema, die seinem Zuhörerkreis die nievergessene siebenbürgische Heimat nahebringen sollten.
Der musikalischen Begabung entsprangen seine zahlreichen Vortragszyklen über das Kantatenschaffen J. S. Bachs, seine 53 Kantatenabende in Wien, seine meisterhaften Beschreibungen der Werke J. S. Bachs, Rudolf Lassels, Mozarts und seines Landsmannes und Lautenvirtuosen Bakfark. Seiner Feder verdanken wir auch das in der musikalischen Fachliteratur ohne Nachfolger gebliebene einzige größere Werk über die zeitnahen siebenbürgischen Tonschöpfer: Die Musiker, ihre Gestalter und Verkünder in Siebenbürgen einst und jetzt, Kronstadt 1927. Hajek, Gründer und langjähriger Leiter der Wiener Bachkantorei, trat auch mit vielen Kammermusik-, Kirchen- und Liedkompositionen, besonders zu den großen evangelischen Kirchenfesten, an die Öffentlichkeit.
Als Schriftsteller endlich schuf Hajek neben seiner Lyrik frühzeitig Novellen und ging dann zum Geschichtsroman großen Stils über. Umfangreich und vielseitig ist sein Werk. Er veröffentlichte eine Reihe von Romanen, einige Gedichtbände, daneben Erzählungen, Bühnenwerke und Hörspiele. All seinem Bestreben „lag die unüberwindbare Liebe zur Kunst zugrunde" (Myß).

Mitten aus dem vollen Schaffen an seinem großen Bachroman „Alles nur nach deinem Willen“, der erst posthum erscheinen konnte, wurde Egon Hajek am 18. Mai 1963 aus dem Leben gerissen.

WERKE:

Das Tor der Zukunft, Gedichte, 1920. Der tolle Bruß, Novellen, 1923. Balladen und Lieder, 1926. Die Musik in Siebenbürgen, 1927. Leuchter von oben, Gedichte, 1935. Aller Welt Not, Altarspiel, 1936. Du sollst mein Zeuge sein; später: Zwei Welten, Roman um Kaspar Tauber, 1937. Meister Johannes, Roman um Johannes Honterus, 1938. König Lautenschläger, Roman um Valentin Greff-Bakfark, 1940. Sturm und Stille, Gedichte 1940. Der Zaubertrank, Lustspiel, 1950. Neue Gedichte, 1953. Der Gefangene seines Herzens, Roman um Lenau, 1954. Wanderungen unter Sternen, Selbstbiographie, 1958. Es blieb ein Abenteuer, Roman um Mozart, 1960. Die Jakobsleiter, Novellen um J. S. Bach, 1961. Diebstahl im Paradies, 1962. Alles nur nach deinem Willen, 1963.

LITERATUR:

Klein, Karl Kurt: Literaturgeschichte des Deutschtums im Ausland. Schrifttum und Geistesleben der deutschen Volksgruppen im Ausland vom Mittelalter bis zur Gegenwart. Leipzig 1939, bes. S. 421—422.

Britz, Nikolaus: Egon Hajek. In: Österreichische Begegnung, Wien 1960, H. 3, S. 8—11.

o. A. (W. W.): Der Weg aus der provinziellen Enge. Siebenbürgisch-sächsische Dichter fanden Gehör im ganzen deutschsprachigen Raum. In: Siebenbürgische Zeitung vom 15. 3. 1962, S. 5—6.

Schlandt, Hermann: Egon Hajek. Lebensbild eines Außenseiters. In: Südostdeutsche Vierteljahresblätter, 12. Jg., München 1963, Folge 4, S. 212—215.

Zoltner, Ludwig: Egon Hajek und sein Werk. In: Siebenbürgische Zeitung vom 15. 6. 1963, S. 10.

Myß, Walter: Drei siebenbürgisch-sächsische Dichter. Adolf Meschendörfer, Egon Hajek, Erwin Wittstock. In: Siebenbürgisch-sächsischer Hauskalender, Jahrbuch 1967, S. 114—128.

Ölbild ihres Sohnes
Theodor Henning

THUSNELDA HENNING
geborene Hermann

Geboren 31. Mai 1877 in Kronstadt (Brașov)
Gestorben 31. Oktober 1965 in Wien

Die Hermannschen Vorfahren kamen vorwiegend aus dem Handwerker- und Bauernstand; viele von ihnen zeigten künstlerische Neigung. Der Vater Thusneldas, Friedrich Hermann, war in Wien ausgebildet und lebte als akademischer Bildhauer und Zeichenlehrer in Kronstadt (Brașov).
Thusnelda, die am 31. Mai 1877 in Kronstadt geboren wurde, verlebte im Kreise einiger Geschwister eine unbeschwerte Kindheit. Ein Bruder, Hans Hermann, lebt noch heute hochbetagt als bekannter und gefeierter Maler und Graphiker in Hermannstadt (Sibiu).
Nach kurzem Studium in Wien (Zeichen-, Mal- und Kunststickkurse) heiratete die Achtzehnjährige ihren Landsmann Dr. Carl Henning (geboren 14. Februar 1860

in Broos/Orăştie, gestorben 3. Juni 1917 in Wien). Das Ehepaar ließ sich in Klosterneuburg bei Wien nieder. Carl Henning war Arzt, Operationszögling bei Billroth und Gussenbauer, Erfinder der elastischen Gesichtsprothesen und Leiter des von ihm 1897 gegründeten Universitätsinstitutes für Moulage. Er beschäftigte sich intensiv und mit großem Erfolg mit der Darstellung plastischer, medizinischer Organe. Durch seine mit großer Kunst ausgeführten Moulagen („Elastine" ist seine Erfindung), die auch der volkshygienischen Aufklärung dienten, sowie durch die Erfindung der elastischen „H-Prothese" erwarb er sich sehr große Verdienste. Henning wurde als Referent zu zahlreichen medizinischen Kongressen berufen und mit den höchsten Ehrungen ausgezeichnet. Daneben verriet der sportlich ungemein aktive Carl Henning auch eine anmutige lyrische Begabung („Aus Herzenstiefen", 1897; „Freilicht", 1909; „Lebensfluten", 1932) sowie Interesse an technischen Problemen, dem unter anderem die Verbesserung des Geigenbaues zu verdanken ist.
Mit diesem vielseitigen Mann gründete Thusnelda Henning eine vielköpfige Familie: sechs Söhne und zwei Töchter.
Ein Sohn, der in Wien als Bildhauer und Maler ausgebildete THEODOR HENNING (geboren 13. Oktober 1897 in Wien, gestorben 5. September 1946 in Salzburg), auch als „Island-Maler" oder „Onkel Theo" (Kinderecke im Wiener Volksblatt) bekannt, übernahm das 1920 in ein Privatinstitut umgewandelte „Wiener Institut für Moulagen und Gesichtsprothesen". Er arbeitete, die Erfindung seines Vaters vervollkommnend, für in- und ausländische Kliniken und Museen und erwarb sich die Anerkennung der Fachwelt. Neben seinen Ölbildern und Radierungen aus Siebenbürgen, Island und Österreich schuf er als bildender Künstler zahlreiche Masken von Lebenden und Toten.
Trotz der großen Familie blieb Thusnelda Henning immer noch Zeit für ihre schriftstellerische Tätigkeit. Namhafte Blätter brachten Kurzgeschichten und Gedichte von ihr. Auch wenn sie den größten Teil ihres Lebens in Wien verbrachte, so ist sie siebenbürgischem Leben und siebenbürgischer Art eng verbunden geblieben und hat mit Begeisterung ihre literarische Begabung in den Dienst dieser Verbundenheit gestellt. Während wiederholt unternommener Ferienwochen in Siebenbürgen sammelte sie Material für ihre Arbeiten. Ihr erster Kulturroman „Der hölzerne Pflug", 1938, der oft auch „die Bibel der Siebenbürger Sachsen" genannt wird und die dramatischen und geschichtsträchtigen Ereignisse des Jahres 1848 schildert, gibt davon Zeugnis.
An der Akademie für darstellende Kunst in Wien absolvierte die 1917 verwitwete Frau die Meisterklasse für Rezitation und Rhetorik bei Prof. Klitsch. Viele Vortragsreisen führten sie nach Siebenbürgen und Deutschland. Mit einer selbst geschulten Laienspielgruppe leitete sie zahlreiche Volkskunstaufführungen, zum Teil mit Eigengestaltungen, Trachtenschauen und Trachtenumzügen, die vom Wesen ihres Volksstammes kündeten. Bei den großen Heimattreffen ihrer Landsleute in Dinkelsbühl und Wels wirkte sie stets mit.
Ihr literarisches und volkskünstlerisches Schaffen wurde von namhaften Kulturorganisationen durch Verleihung der Ehrenmitgliedschaft und Ehrennadeln anerkannt. Die Berufung in die Sektion Österreich der Europäischen Forschungsgruppe für Flüchtlingsfragen bestätigte ihr Wissen um diese Fragen.

Nach erfülltem Leben starb Thusnelda Henning am 31. Oktober 1965 in Wien 89jährig.

WERKE:

Der hölzerne Pflug. Roman. 1938.
Siebenbürgen, Land des Segens. Volksspiel.
Der Hof. Novelle. 1962.
Jahre entschwinden — Stunden verweilen. Gedichte. 1962.

LITERATUR:

Fraungruber, Hans. Siehe das Geleitwort in: Henning, Carl: Lebensfluten. Gefühls- und Gedankenlyrik. Wien 1922.
Wacha, Robert: Theo Henning. In: 19. Kunstausstellung der Kameradschaft bildender Künstler Groß-Wien-Nord (Klosterneuburg). Katalog zu einer Ausstellung in der Wiener Künstlerhalle vom 16. 7. bis 13. 8. 1944, S. 17—18.
o. A.: Von unserer Thusnelda Henning-Hermann. In: Siebenbürgische Zeitung vom 31. 10. 1957, S. 5.
Giebisch, Hans. Siehe das Nachwort in: Henning, Thusnelda: Der Hof. Eine Geschichte aus dem deutschen Siebenbürgen. Krems an der Donau 1962.
—er: Die Goldene Ehrennadel für Thusnelda Henning. In: Siebenbürgische Zeitung vom 15. 6. 1962, S. 9.
o. A. (Österreichische Landsmannschaft): Unserer Thusnelda Henning zum Abschied. In: Eckartbote deutscher Kultur- und Schutzarbeit, 13. Jg., Dezember 1965, S. 4.
Hajek, Egon: Thusnelda Henning und ihr Werk. Die siebenbürgisch-sächsische Heimatdichterin 85 Jahre alt. In: Siebenbürgische Zeitung vom 15. 5. 1963.
Zoltner, Ludwig: Thusnelda Henning-Hermann ist gestorben. In: Siebenbürgische Zeitung vom 15. 12. 1965, S. 5.
Folberth, Otto: Zum Tode von Thusnelda Henning. In: Südostdeutsche Vierteljahresblätter, 15. Jg., München 1966, Folge 2, S. 111—112.
Ferner: ÖBL, 2, 274.

GUSTAV HENRICH

Geboren 18. April 1888 in Hermannstadt (Sibiu)
Gestorben 26. August 1963 in Wien

Der am 18. April 1888 in Hermannstadt (Sibiu) geborene Gustav Henrich besuchte in seiner Vaterstadt die Volksschule und das Gymnasium. Schon in seiner Jugend veröffentlichte er Novellen und Erzählungen in den „Karpathen" und in sonstigen Zeitungen und Zeitschriften Siebenbürgens und Deutschlands. Diese schriftstellerische Neigung ließ ihn auch in seinen späteren Wiener Jahren den letzten Schriftleiter der Vereinszeitung „Blau-Rot" der Siebenbürger Sachsen in Wien werden.
Zusammen mit seinem Zwillingsbruder, dem späteren Referenten an der k. k. Hofbibliothek, Privatdozenten für Rechtsphilosophie und Allgemeine Staatslehre in Wien sowie nachmaligen Universitätsprofessor in Brünn, Prag und zuletzt in Würzburg DDDr. Walter Henrich (1888 bis 1955), bezog Gustav Henrich die Universität in Klausenburg (Cluj), wo er seine juristische und staatswissenschaftlichen Studien aufnahm; er schloß sie mit zwei Doktoraten ab.
Nach seinem Studium kam Henrich nach Wien und wurde Sekretär der Österreichischen Länderbank. In den vierziger Jahren machte er seine Dozentur an der Universität Wien und wurde anschließend Professor für Sozial- und Arbeitsrecht in Wien. In späteren Jahren erschienen zahlreiche wissenschaftliche Arbeiten aus dem Gebiet der Sozialwissenschaft und der Statistik in Fachzeitschriften. Gustav Henrich starb am 26. August 1963 in Wien.

LITERATUR:

Tilleweid, Lutz: Dr. Gustav Henrich. In: Südostdeutsche Vierteljahresblätter, 13. Jg., München 1964, Folge 1, S. 54.

FRIEDRICH HENSEL

Geboren 13. August 1781 in Kronstadt (Braşov)
Gefallen 17. Mai 1809 auf dem Paß Malborghet

Friedrich Hensel kam am 13. August 1781 in Kronstadt (Braşov) zur Welt; er war das siebente und jüngste Kind des Wollenwebers, Kaufmanns und Ratsherren Michael Hensel und dessen Ehefrau Barbara, geborene Henning. Die Vorfahren beider Eltern kamen aus alten Kronstädter Familien.
Schon früh Halbwaise, besuchte Friedrich das deutsche Gymnasium seiner Heimatstadt; er wird als übermütiger, kühner und immer zu tollen Streichen bereiter Junge geschildert, dem die Mutter die Zügel wohl zu locker ließ. Als Siebzehnjähriger mußte er aus disziplinären, wenn auch heute nichtig scheinenden Gründen die Schule verlassen und legte in Schäßburg (Sighişoara) die Reifeprüfung ab. 1797 kam Hensel an die Genieakademie nach Wien, wo er bis zur letzten Klasse stets als Erster aufrückte. Er beendete die Akademie 1801 als Kadett und wurde

schon nach einem Jahr Oberleutnant des Ingenieurkorps und 1807 Hauptmann. Ein Jahr später kam Hensel nach Kärnten, um die Befestigungsbauten bei Malborghet in den Karnischen Alpen zu leiten, und wohnte in Villach bei einer dort lebenden Cousine. Als im Krieg von 1809, den Österreich allein gegen Napoleon wagte, dieser am 13. Mai Wien besetzte, mußte sich der junge Erzherzog Johann mit seiner Armee aus Oberitalien zurückziehen, wo er mit dem Heer des Adoptivsohnes von Napoleon, des Vizekönigs und Prinzen Beauharnais, zusammengetroffen war.

Friedrich Hensel bat, für einen Hauptmann des Geniekorps ungewöhnlich, selbst die Verteidigung der unzulänglichen Befestigungen, ein kleines System von Schanzen und Blockhäusern, zu übernehmen. Ähnlich wie sich Hensels Kamerad Hauptmann Johann Hermann, ein Deutscher aus Prag, am benachbarten Paß Predil den Franzosen zur Wehr setzte, so gelang es auch Hensel durch die heldenmütige Verteidigung des kleinen Sperrforts im Kanaltal den gefährdeten Rückzug des österreichischen Heeres unter Erzherzog Johann zu decken und den Vormarsch der französischen Südarmee unter Prinz Eugène Beauharnais vier Tage lang zu verzögern.

Dadurch wurde die zeitgerechte Vereinigung der beiden französischen Armeen verhindert und der erste Sieg über Napoleon bei Aspern am 22. Mai 1809 ermöglicht.

Mit wenigen Soldaten (5 Offizieren, 2 Fähnrichen, 205 Füsilieren, 50 Schützen und Kanonieren) stellte sich Hensel einer vielhundertfachen Übermacht (40.000 bis 50.000 Mann), der er mit der Mehrzahl seiner Mitkämpfer am frühen Nachmittag des 17. Mai 1809 zum Opfer fiel. Hensel starb, „von Bajonetten förmlich durchsiebt" als 28jähriger.

Der Kaiser setzte der Mutter eine lebenslängliche Ehrenrente aus; sein Nachfolger, Kaiser Ferdinand I., ließ dem Gefallenen an der Straße des Kanaltales ein Denkmal am Fuße jenes Felsen errichten, wo einst ein Blockhaus stand, zur Erinnerung an das Geschehen bei Malborghet, bei dem fast alle Verteidiger ihr Leben ließen. Auf einem Steinsockel liegt lange ausgestreckt ein sterbender Löwe aus Gußeisen, den tödlichen Speer tief in der Brust, das Haupt auf einem Schild.

Der Text lautet:

„Zur Erinnerung an den Heldentod des k. k. Ingenieur Hauptmanns Friedrich Hensel am XVII. Mai MDCCCIX und der mit ihm gefallenen Kampfgenossen. Kaiser Ferdinand I.".

Hauptmann Friedrich Hensel aber ist als „österreichischer Leonidas" in die Kriegsgeschichte eingegangen.

LITERATUR:

Veltzé, Alois: Österreichs Thermopylen 1809. Wien 1905.

Herfurth, Franz: 1809, Friedrich Hensel und sein Fort. Zeiden 1933.

Gmeiner, Ella: Familien-Chronik. Zürich 1934.

Reimesch, Fritz Heinz: Sachsenehre. Fünf geschichtliche Erzählungen aus Siebenbürgen. O. O., o. J. (Bayreuth 1940), 3. Auflage, S. 139—173: Der siebenbürgische Leonidas (1809).

Zillich, Heinrich: Friedrich Hensel, ein deutscher Leonidas. In: Südostdeutsche Vierteljahresblätter, 8. Jg., München 1959, S. 84—88.

Zillich, Heinrich (Hrsg.): Friedrich Hensel, ein deutscher Leonidas. Sein Lebensbild in Briefen (= Südostdeutsches Kulturwerk, München, Kleine Südostreihe, H. 8), München 1967.

Ferner: ADB, 50, 205—206; W, 8, 309—312.

Selbstporträt

LUDWIG HESSHAIMER

Geboren 10. März 1872 in Kronstadt (Brașov)
Gestorben 10. Jänner 1956 bei Rio de Janeiro

Ludwig Heßhaimers Ahnen waren väterlicherseits, aus der Gegend um Preßburg stammend, alterfahrene Kaufleute, mütterlicherseits sind bis weit zurück Pfarrer, Rektoren, Lehrer und Musiker zu finden. Seine Mutter war eine Schwester des hochbegabten Musikers Rudolf Lassel. Die Schuljahre verbrachte der Knabe, dessen musische und vielseitige Veranlagung sich früh zeigte, in Kronstadt. Seine Erzieher wurden jedoch seinen Begabungen nicht gerecht; so verbot der Vater dem hochmusikalischen Sohn das früh erlernte Geigenspielen, weil er um das Nervensystem des sensiblen Kindes fürchtete; während sich seine Schwester zur Geigerin ausbildete, blieb er auf seine Stimme angewiesen, die, später zu einem schönen Bariton entwickelt, beinahe zu einer Anstellung an einem Opernhaus geführt hätte. Auch die Lehrer traten seinem Zeichentalent — er füllte Hefte mit

ornamentalen Ausschmückungen und Landschaftsbildern — mit Verständnislosigkeit gegenüber. Nach frühzeitigem Ausschluß aus der Schule wurde Heßhaimer entgegen seines ausdrücklichen und heißen Wunsches, eine Malschule besuchen zu dürfen, in eine k. u. k. Infanterie-Kadettenschule nach Budapest gesteckt.
Hier begann der Zwiespalt in seinem Leben: Offizier mußte er werden — Künstler wollte er sein!
Sein Schicksal erinnert an den Tiroler Maler Artur Nikodem, der Postbeamter und gleichzeitig Maler war und der im Ersten Weltkrieg in der Türkei eine besondere Rolle im Telegrafen-Nachrichtendienst spielte, während sich ihm dort erst das Wunder der Farbe so recht auftat. Ähnlich ging es Heßhaimer, der im Militärdienst Maler des Balkans wurde.
Im häufigen Wechsel der Garnisonen lernte er die ganze Monarchie mit Land und Leuten kennen. Während seines siebenjährigen Aufenthaltes in Triest machte er die „Entdeckung der Briefmarke“ und wurde ein fanatischer Sammler deren Schönheit wegen. Da man bald seine zeichnerischen und didaktischen Fähigkeiten erkannte, verwendete man ihn neben dem Truppendienst mehr als Zeichenlehrer in Kadettenschulen. Seine liebste Garnison war Sarajewo, wo sich ihm die Schönheit Bosniens erschloß; auch heiratete er hier 1901 die Tochter eines Oberstabsarztes. Von hier aus durfte er eine von ihm bebilderte Mappe sämtlicher Offiziere des bosnischen Korps persönlich in Wien am Kaiserhof als Geschenk abgeben.
Mit bosnischen Radierungen trat Heßhaimer 1915 an die Öffentlichkeit, die in Künstlerkreisen Aufsehen erregten; von der „Albertina“ in Wien wurde die ganze Sammlung (176 Zeichnungen und graphische Blätter) aufgekauft. Trotzdem glaubte er, ohne Fachausbildung kein wirklicher Künstler werden zu können. Da er bei seinen Vorgesetzten kein Verständnis fand, verließ er den Militärdienst und ließ sich trotz materieller Schwierigkeiten als 37jähriger an der Akademie für bildende Kunst in Wien einschreiben. Mit Begeisterung begann er von vorne, meisterte den Stoff in staunenswerten eineinhalb Jahren, schloß mit Auszeichnung ab und erhielt den Titel eines akademischen Malers. In nachfolgenden Ausstellungen wurde ihm eine Reihe von Medaillen und Ehrendiplomen zuteil. Heßhaimer ließ sich reaktivieren und diente als Hauptmann weiter in der ihm liebgewordenen Armee.
Nach mehreren Garnisonen (so auch Salzburg, wo er Stadt und Umgebung genoß, und Linz) kam er wieder in sein geliebtes Sarajewo, wo er bald stadtbekannt wurde als der auf seinem Dreifuß sitzende „Malerhauptmann“. 1914 wurde ihm gestattet, dem Thronfolger eine Mappe seiner bosnischen Radierungen persönlich zu überreichen. Es sollte nicht dazu kommen, vielmehr wurde er am 28. Juni Augenzeuge des Attentats auf Erzherzog Franz Ferdinand, und er konnte nur noch bei der Bergung des tödlich Verletzten Hilfe leisten.
Während des Ersten Weltkrieges besuchte er als Leiter der Kunstabteilung alle österreichischen Frontabschnitte, lernte so alle Truppengattungen kennen und zeichnete, malte und porträtierte unermüdlich; oft auch hohe Militärs. In Tausenden von Bildern (größtenteils im Besitz des Heeresmuseums Wien) hielt er das Kriegsgeschehen fest; besonders beeindruckten ihn Albanien und Montenegro. Nach dem Zusammenbruch erreichte er mit Mühe Wien und machte sich — körperlich und seelisch völlig erschöpft — an die Arbeit. Das Gesehene formte sich

in qualvollen Nächten zu Bildern, Ideen, Dichtungen, und nach jahrelanger Arbeit trat er mit einem Zyklus von 15 großen Radierungen „Der Weltkrieg. Ein Totentanz. Dichtung in Radierungen" an die Öffentlichkeit. Der durch den Krieg ans Schwert gekreuzigte Christus wurde bei Heßhaimer ein zum ersten Mal in der Kunstgeschichte auftretendes Motiv. Weitere Zyklen folgten, die ihn in den Rang der angesehensten Graphiker Wiens erhoben.
Zeiten tiefster Depressionen wechselten mit Zeiten höchster Aktivität. Er wurde zu einem Virtuosen der Zeiteinteilung und übernahm eine Fülle von Betätigungen als Maler, Graphiker, Journalist, Schriftsteller, Dichter, Redner und Lehrer an verschiedenen Schulen und Anstalten. Hier nur einige nüchterne Zahlen:
20 Jahre Leiter der Kunstabteilung des österreichischen Offiziersverbandes,
Präsident der ersten internationalen Briefmarkenausstellung „WIPA" 1933 in Wien,
18 Jahre Vorstand des österreichischen Philatelisten-Vereins.
Mit Zeichenstift und Block war er ständig unterwegs, selbst in der Straßenbahn, im Wartezimmer, vor Sitzungen.
Dieses mörderische Arbeitstempo rächte sich, indem seine Leistungsfähigkeit stark abnahm; ja, zwischen 1936 bis 1939 litt er sogar an Zuständen, in denen seine Hand wie von selbst zu malen schien. Nachdem er seine Werke dieser Zeit vernichtete, wurde er wieder der alte. Heßhaimer entwarf eine Fülle von Briefmarkenserien und erhielt Aufträge von Österreich, Island, Liechtenstein und Columbien. Hunderte von Exlibris-Schöpfungen schenkten dank der Einfälle und ihrer graphischen Vollkommenheit viel Freude. Daneben besaß der ungemein liebenswerte Künstler dichterische Begabung und außerordentliches Rednertalent.
Während des Zweiten Weltkrieges floh Heßhaimer nach Pötzleinsdorf. Sein künstlerisches Archiv wurde zwar evakuiert, doch von den Russen zum allergrößten Teil vernichtet. Seine älteste, ihm besonders nahestehende Tochter, starb als Krankenpflegerin an einer Lungeninfektion, seine Frau nach völliger Blindheit in geistiger Umnachtung.
So verbrachte der Vereinsamte seinen Lebensabend in Rio de Janeiro, wohin er seiner zweiten dort verheirateten Tochter nachzog.
Trotz zunehmender Augenschwäche begann er als fast 80jähriger wieder zu malen, jetzt mehr in Öl. Seine Werke fanden auch bei zwei dortigen Ausstellungen große Anerkennung. Im hohen Alter bedrängten ihn noch Glaubensfragen und Zweifel über seinen Lebensweg als Maler. In aller Stille starb er am 10. Jänner 1956 und ist in den Bergen nahe Rio de Janeiros begraben.

WERKE:

Hunderte von Zeichnungen aus dem Ersten Weltkrieg; „Der Weltkrieg. Ein Totentanz. Dichtung in Radierungen"; Zwei Siebenbürgen-Mappen; Zwei Kärnten-Mappen; „Heil und Sieg", Mappenwerk; „Das Lied vom Schlachtfeld", Zyklus; „Götter, Götzen, Geister", Zyklus (erhielt die höchste Auszeichnung des Dürerbundes, Wien); „Anbetung", Zyklus; „Herzelinde Augentrost", Märchen in 16 Zeichnungen; „Irrenhaus", seltsame Pastelle; Freie Graphik sowie Exlibris; Briefmarkenentwürfe.

LITERATUR:

Sigerus, Emil: Würdigung im Siebenbürgischen Tagblatt, Hermannstadt, vom 23. 8. 1927.
Werber, Paul: Bericht anläßlich einer Heßhaimer Ausstellung in Rio de Janeiro in der „Wiener Zeitung" vom 4. 7. 1952.

Flechtenmacher, Carl: Ludwig Heßhaimer. Ein Erinnern an den in Südamerika verstorbenen Künstler und Menschen. In: Siebenbürgische Zeitung vom 15. 9. 1964.
Flechtenmacher, Carl: Ludwig Heßhaimer. Der Mensch und Künstler. Eine Monographie. Verden a. d. Aller 1967 (hier Todestag irrtümlich mit 10. 1. 1966 angegeben).
Flechtenmacher, Carl: Ludwig Heßhaimer. Ein südostdeutsches Kunstlerschicksal. In: Südostdeutsche Vierteljahresblätter, 15. Jg., München 1966, Folge 2, S. 83—87.
Thomae, Norbert: Bericht in der Siebenbürgischen Zeitung vom 31. 8. 1968.
o. A. (Martin, Gunther): Das Abenteuer mit der „Roten Merkur". Husarenpatrouille am San. Im Zauberkreis der Königin Maria. Aus den Erinnerungen des Malers und Philatelisten Ludwig Heßhaimers. In: Salzburger Nachrichten vom 25. 8. 1973, 1. 9. 1973 und 12. 9. 1973.
Zoltner, Ludwig: Gedächtnisausstellung Ludwig Heßhaimer. In: Siebenbürgische Zeitung vom 15. 11. 1972.

CHRISTIAN HEYSER

Geboren 11. März 1776 in Kronstadt (Brașov)
Gestorben 26. Juni 1839 in Wien

Der am 11. März 1776 in Kronstadt (Brașov) geborene Christian Heyser lernte zunächst in den Schulen und im Gymnasium seiner Vaterstadt, später studierte er von 1796 bis 1798 in Jena.
Nach seiner Rückkehr nach Siebenbürgen war Heyser zuerst Gymnasiallehrer und Prediger in Kronstadt. 1814 wurde er vom Stadtprediger zum Martinsbergprediger befördert, später zum Pfarrer nach Wolkendorf (Vulcan) und nach Marienburg (Feldioara) gewählt.
Im Jahre 1828 berief ihn die evangelische Gemeinde A. B. in Wien zu ihrem ersten Prediger; schon sechs Jahre später ernannte ihn Kaiser Franz I. zum Superintendenten der evangelischen Gemeinden in Inner- und Niederösterreich, in den illyrischen Provinzen und in Venetien. Heyser hatte nun ein Riesengebiet kirchlich zu betreuen und seine vielen Visitationen, namentlich in Kärnten, Steiermark, Venedig und Triest, fanden in den Kirchenzeitungen lebhaften Widerhall.
Es ist erstaunlich, daß Heyser neben seinen vielen Pflichten sowohl als Superintendent wie auch als erster Prediger der Kaiserstadt noch Zeit und Muße fand für ein fruchtbares Schriftstellertum. Als Lyriker schrieb er blumenreiche Oden, Phantasien und beschreibende Gedichte („Panorama vom Burzenland"); als Dramatiker verfaßte er mehrere historische Dramen über Stoffe aus der siebenbürgischen Geschichte („Die Kreuzritter im Burzenland", „Die Schlacht auf dem Brotfelde"), aber auch Volks- und Lustspiele. Sein Jambendrama „Hans Benkner oder Die lebendig Begrabene" war zu seiner Zeit sehr beliebt. Wenn wir hören, daß Heyser sich auch an Kompositionen wagte, ergeben sich unweigerlich Gedankenverbindungen zum Lebensweg Egon Hajeks (siehe dort!).
In seinem Gesamtwerk wirkte wohl neben der gesamtdeutschen klassischen Dichtung die vaterländische Richtung der österreichischen Romantik auf ihn.
Beim Ableben Heysers am 26. Juni 1839 in Wien hinterließ er seine Witwe und einen Sohn.

WERKE:

Aussicht auf dem hangenden Stein am 19. August 1815 oder das Panorama von Burzenland. Wien 1830.
Die Leiden der Tugend. Ein Traum (Gedichte). 1826.
Abschied von meiner Heimat Burzenland (für Singstimme und Klavier oder Gitarre). Wien 1829.
Die Heldenburg oder die Kreuzritter im Burzenland. Trauerspiel.
Hans Benkner oder die Scheintote.
Báthori und Weiß (Heldengedicht). 1854.
Die gerettete Fahne oder die Schlacht auf dem Brotfeld. Historisches Drama.
Das Opfer der Freundschaft oder Bela's Blendung. Trauerspiel.
Trajan und Longin oder die Eroberung von Dacien. Historisches Trauerspiel.
Die Blinde oder belohnte kindliche Liebe. Ländliches Schauspiel.
List gegen List oder die ausgespielte Braut. Lustspiel.
Glück und Unglück. Heroische Oper.

LITERATUR:

Trausch, Joseph: Schriftsteller-Lexikon der Siebenbürger Deutschen. Bd. II, Kronstadt 1870, S. 151—156.

Klein, Karl Kurt: Literaturgeschichte des Deutschtums im Ausland. Schrifttum und Geistesleben der deutschen Volksgruppen im Ausland vom Mittelalter bis zur Gegenwart. Leipzig 1939, S. 160.
Folberth, Otto: Schützenhilfe aus Siebenbürgen für die evangelische Kirche in Österreich. Eine wenig bekannte Episode um das Protestantenpatent. In: Glaube und Heimat. Evangelischer Kalender für Österreich. Wien 1962, S. 82—86.
Ferner: W, 8, 464—465.

Als Pfarrer Menhardt im Film: „Duell mit dem Tod“

FRITZ HINTZ-FABRICIUS

Geboren 7. Februar 1891 in Marienburg (Feldioara)
Gestorben 22. August 1968 in Wien

Schon mehrere Generationen vor Fritz Hintz-Fabricius rollte Künstlerblut in den Adern der Familie; so lernten z. B. seine Großeltern an der Wiener Hofoper bzw. am Burgtheater in Wien den Schauspielerberuf. Unter deren Nachkommen übten über ein Dutzend Enkel(innen) künstlerische Berufe aus. Es gab Cellisten, Pianisten, Sänger unter ihnen, eine davon war die weltberühmte Kammersängerin Lula Mysz-Gmeiner (siehe dort!).
Der am 7. Februar 1891 in Marienburg (Feldioara) geborene Fritz Hintz (den Mädchennamen seiner Mutter, Fabricius, nahm er erst mit 36 Jahren an, als er zur Bühne kam) war wohl eine der unruhigsten Künstlernaturen unter ihnen.
Fritz wuchs in einem fröhlichen Kreis von insgesamt fünf Geschwistern auf, die allesamt musikalisch besonders begabt waren; ein Bruder liebte den Liedgesang,

ein anderer spielte hervorragend die Geige, ein dritter zeigte starke kabarettistische Veranlagungen (der heute in Wien lebende Autor und Kabarettist Carl Merz, ein Neffe Fritz Hintz-Fabricius', trägt diese Begabung weiter). Doch wie der Vater, der der erste Diplomlandwirt Siebenbürgens und Gründer wie auch Direktor der ersten Ackerbauschule seiner Heimat in Marienburg gewesen war, erlernten alle einen bürgerlichen Beruf. Auch bei Fritz schien der Werdegang vorgezeichnet: in Kronstadt (Brașov) besuchte er das Humanistische Gymnasium. Schon als Oktavaner sang er begeistert den Jesus in der Matthäus-Passion von R. Lassel. Später studierte er Medizin in Wien (1910 bis 1914), wo sein Onkel Josef Fabricius (siehe dort!) den Lehrstuhl für Gynäkologie innehatte. Während dieser Zeit hatte Hintz-Fabricius auch schon Gesang- und Sprechunterricht bei Professor Andersen gehabt. Den Ersten Weltkrieg erlebte er als Reserveoffizier im k. u. k. Infanterie-Regiment Nr. 2. Nach der Beendigung des Krieges gab er sein Medizinstudium auf; es erwarteten ihn andere Aufgaben: er sollte die Bonbonfabrikation erlernen, um den Heßhaimerschen Betrieb („Hessfabrik") in seiner Vaterstadt zu führen. Hintz-Fabricius jedoch studierte lieber Gesang in Wien (bei Andersen), Stuttgart (bei Rhode, Busch) und Berlin (bei seiner Cousine L. Mysz-Gmeiner, Rasch, Bumke und beim berühmten Sängerehepaar G. Jekelius / E. Lissmann). Ab 1922 war Hintz-Fabricius als Oratoriensänger tätig; später wurde er sowohl an das Opernhaus nach Leipzig wie auch an das Stadttheater nach Düsseldorf berufen. Ihn zog es mit aller Gewalt zum Theater; ihn faszinierte Oper und Schauspiel gleichermaßen. In der Doppeleigenschaft als Sänger (Charakterbaß) und Schauspieler kam er nach Kassel. Hintz-Fabricius' unruhiger Geist hielt ihn nirgends lange und so ging er nach fünf Jahren wieder zurück nach Berlin, wo er hauptsächlich Operetten sang. Schließlich trieb es ihn zurück in seine Heimat, wo er als Baßbuffo und Schauspieler in Hermannstadt (Sibiu) engagiert wurde. Endlich wurde er auch bekanntes Mitglied und künstlerischer Leiter und Regisseur am Deutschen Landestheater in Rumänien. Er trat dort in großen Rollen bekannter Opern auf. So sehr Hintz-Fabricius als Künstler große Gestaltungskraft, Präzision und Hingabe an das Werk zeigte, so wenig Talent hatte er zum künstlerischen Leiter dieser weitum bekannten Schauspielertruppe. Er verließ Hermannstadt und ging abermals nach Berlin, wo er im Schillertheater, im Theater unter den Linden, im Theater am Kurfürstendamm und im Theater am Nollendorfplatz auftrat.

1941 kam Hintz-Fabricius nach Wien, wo er sich auch mit seiner dritten Frau Senta niederließ. Hier spielte er in den verschiedensten Häusern, so unter anderem im Theater „Die Insel", in den Kammerspielen, im Theater in der Josefstadt, im Kleinen Theater im Konzerthaus, im Volkstheater und in etlichen Kellerbühnen (so im Theater der Courage).

Nach 1954 war Hintz-Fabricius auch in zahlreichen Filmen und Fernsehstreifen zu sehen, in denen er besonders Pfarrer- und Ärzterollen spielte. Seine berühmtesten Filme sind: Ich denke oft an Piroschka, Duell mit dem Tod, Prozeß, ein Schubert- und ein Beethoven-Film, Oberarzt Dr. Solm, Der gläserne Turm.

Im Jahre 1954 erhielt Hintz-Fabricius ein ihn auszeichnendes Engagement als Externist an das Wiener Burgtheater. Er spielte unter anderem in den Stücken

„Trauer muß Elektra tragen“ (Eugene O’Neill) und „Zwischenfall in Vichy“ (Arthur Miller).
Hintz-Fabricius’ unruhevolles Leben endete am 22. August 1968 in Wien nach 20jähriger mühseliger Krankheit.

LITERATUR:

Ongyerth, Gustav: „Der Schwierige“. Erinnerungen an Fritz Hintz-Fabricius. In: Siebenbürgische Zeitung vom 15. 9. 1969, S. 3—4.

Zeitgenössischer Holzschnitt

JOHANNES HONTERUS

Geboren 1498 in Kronstadt (Brașov)
Gestorben 23. Jänner 1549 in Kronstadt (Brașov)

An den Namen des Reformators Johannes Honterus knüpft sich der Umbruch des kirchlichen Lebens und der Kultur in Siebenbürgen. In der erstaunlichen Vielseitigkeit seiner gelehrten Kenntnisse und in seinem Streben nach der Verwirklichung eines christlichen Humanismus im Schulwesen seiner Heimat, ist es Honterus zu verdanken, wenn sich die Siebenbürger Sachsen, geeint im evangelischen Glauben und im Besitz eines trefflichen geistigen Rüstzeugs, jahrhundertelang in ihrem deutschen Volkstum behaupten konnten — als Vorhut abendländischer Kultur an einer immer von neuem bedrohten Grenze.
Honterus wurde 1498 in Kronstadt (Brașov) als einziger Sohn des Georg Grass (auch Lederer), eines wohlhabenden Gerbers, und der Dorothea Honnes geboren. Viele Einzelheiten in seinem vielbewegten Leben bleiben bis heute noch dunkel;

sein Lebensweg ist nur spärlich bekannt. Schon sein Name ist ein Rätsel; die Sage erzählt, Honterus habe in großer Wassergefahr an einem Hollunderstrauch (Hontert) seinen Lebensretter gefunden und aus Dankbarkeit die Namensänderung vorgenommen.

1515 taucht Honterus in Wien an der Artistenfakultät auf, die damals unter dem berühmten Konrad Celtis eine führende Stelle in der neuen Bildungsbewegung einnahm. Der junge Student erwarb sich nicht nur eine ausgezeichnete Kenntnis der lateinischen und griechischen Sprache, sondern betrieb auch vielseitige Studien im mathematisch-naturwissenschaftlichen, juristischen und medizinischen Bereich. Sein besonderes Interesse galt der Geographie und Kartographie, in der er Beachtliches leisten sollte.

1522 wurde Honterus Baccalaurius, drei Jahre später beendete er sein akademisches Studium mit dem Magistertitel. Er war einer der von 1515 bis 1520 in Wien eingeschriebenen 75 Siebenbürger Sachsen gewesen, einer von den 13 Kronstädtern unter ihnen. Nach der Magisterprüfung dürfte Honterus, der damaligen Gepflogenheit entsprechend, zwei Jahre an der Wiener Universität unterrichtet haben. Durch den Umgang mit vielen einflußreichen Persönlichkeiten und durch das lange Studium sorgfältig herangebildet, begann schon in diesen Jahren seine humanistische Gelehrtenarbeit. Honterus fließende lateinische Sprachkenntnisse lassen darauf schließen, daß er in Wien durch eine treffliche Schule der Latinität ging. Schon in der Wiener Zeit hatte er den Geist entschiedener Kritik an dem veralteten System der Scholastik in sich aufgenommen. Seine später in Basel gezeichnete Sternkarte reichte auch zurück in diese Jahre, denn die Wiener Hochschule war durch astronomische und mathematische Arbeiten berühmt geworden. Die Kunst des Kartenzeichnens und Holzschneidens erwarb sich Honterus hier in solchem Maße, daß ihn Sebastian Münster nachmals als den weitaus besten Holzschnitzer seiner Zeit nannte.

In seine Vaterstadt Kronstadt zurückgekehrt, entfaltete Honterus zunächst eine verheißungsvolle Tätigkeit auf dem Gebiet des Unterrichts und in der Förderung des Büchereiwesens, geriet aber infolge der politischen Spannungen in jener Zeit bald in große Schwierigkeiten, da er Anhänger des Hauses Habsburg war (Ferdinand von Österreich gegen den Ungarnkönig Johann). Honterus wurde verbannt (urkundlich nicht belegt), und 1530 tauchte der „Magister aus Wien" in Krakau auf, wo sich ihm eine Tätigkeit als Dozent an der von dem Primas der römischen Kirche in Polen gegründeten Ritterakademie anbot. Er veröffentlichte in jener Zeit einen Abriß der Erdkunde und eine lateinische Grammatik, die in akademischen Kreisen großen Beifall fanden und bald neu aufgelegt wurden. Seine „Kosmographie" erschien sogar in 30 Auflagen in wichtigen Kulturzentren Europas; somit ist die Weltbeschreibung das am weitesten verbreitete Werk dieses siebenbürgischen Autors.

Von Krakau begab sich Honterus auf dem Umweg über Nürnberg nach Basel, einem der Mittelpunkte des deutschen Humanismus und Buchdrucks; hier hatte sich die Reformation schon seit 1529 durchgesetzt. In Basel trat er mit den führendsten Reformatoren in Kontakt und vervollkommnete sich in der Kunst des Holzschnitts und des Buchdrucks. Die bekannteste seiner wissenschaftlichen Leistungen aus jener Zeit war die von ihm entworfene und vervielfältigte „Sachsen-

landkarte“ (1532), die auch mit ihren deutschen und lateinischen Sinnsprüchen große Beachtung fand. Daneben brachte er philologische Bearbeitungen klassischer Schriftsteller heraus.
Nach den politischen Entspannungen in seiner Heimat (man hatte sich für den auch von den Türken unterstützten König Johann entschieden) kehrte Honterus 1533 nach Kronstadt zurück, wo er sich mit großer Hingabe dem darniederliegenden Schulwesen seiner Vaterstadt widmete. Honterus errichtete in Kronstadt eine Druckerei, was für die Verwirklichung seiner Bildungspläne durch die Herstellung von Schulbüchern und Ausgaben lateinischer Schriftsteller von großem Vorteil war. Somit stand seine Buchdruckerkunst zuallererst im Dienst der Wissenschaft, der Schule und der Kirche. Aus Honterus' Buchdruckerei kam übrigens auch das erste rumänisch abgefaßte Buch, das die Schriftsprache der Rumänen begründete.
1535 heiratete er Anna, die Tochter des Johann Neutze aus einer flandrischen Familie, mit der er sieben Kinder hatte.
Eine abermalige Auslandsreise führte ihn nach Wittenberg, wo Honterus persönliche Beziehungen zu Martin Luther, Johannes Bugenhagen und vor allem zu dem ihm geistesverwandten Philipp Melanchthon aufnahm. Hier fand er Bestärkung in seinem Wunsch, das deutsche Kronstädter Schulwesen zu fast hochschulmäßigem Betrieb zu entwickeln. Im Auftrage der Stadt, deren Rat Honterus angehörte, führte er die Reform der Kirche 1543 und der Schule 1544 nach selbstgeschaffenen, den Sondernotwendigkeiten seiner Heimat schöpferisch angepaßten Ordnungen durch. Mit Kronstadt bekannte sich das ganze Burzenland zur neuen Lehre. Eine geschlossene Gemeinschaft trat trotz drohender Not und Gefahr zu Luther über. Honterus' „Reformationsbüchlein“ (1543) ist eine Bekenntnisschrift mit theologischen Darlegungen und bot der Gemeinde eine evangelische Lebensordnung, fußend auf Luthers Lehre. 1544 wurde Honterus zum Stadtpfarrer von Kronstadt gewählt; damit war der Sieg des Luthertums in sämtlichen Siebenbürger Gemeinden besiegelt: seine „Kirchenordnung aller Deutschen in Siebenbürgen“ (1547) wurde für die sächsische Gesamtgemeinschaft verpflichtend gemacht.
Am 23. Jänner 1549 wurde Honterus mitten in seiner rastlosen Tätigkeit für Kirche und Schule vom Tode heimgeholt. Und gerade die beiden Eckpfeiler des Siebenbürgertums, Kirche und Schule in ihrer starken volkstumserhaltenden Kraft, verdanken die Siebenbürger Sachsen nicht zuletzt Johannes Honterus.
Durch den großen Brand von 1689 wurden Honterus' alte Schulgebäude zerstört, der größte Teil seiner reichen und wertvollen Bibliothek verbrannte, seine Grabstelle in der Schwarzen Kirche, die ebenfalls zerstört wurde, ist nicht mehr bekannt.

WERKE:

De Grammatica Libri Duo. Impressi Cracoviae 1532.
Rudimentorum Cosmographiae libri duo. Cracoviae 1530.
Formula Reformationis ecclesiae Coronensis et Barcensis totius Provinciae. Kronstadt 1542.
Geographia universalis, una cum imaginibus Constellationum (?).
D. O. M. S. Constitutio Scholae Coronensis, ab. M. Johanne Hontero Primo Reformatore Ecclesiae Coronensis. 1543.
Compendium Juris Civilis, in usum Civitatum ac Sedium Saxonicarum in Transylvania collectum. 1544.

LITERATUR:

Trausch, Joseph: Schriftsteller-Lexikon der Siebenbürger Deutschen. Bd. II, Kronstadt 1870, S. 197—219.

Teutsch, Georg Daniel: Über Honterus und Kronstadt zu seiner Zeit. In: Archiv des Vereins für siebenbürgische Landeskunde. NF, 1876, Bd. 13, S. 93 ff.

Höchsmann, Johannes: Johannes Honter, der Reformator Siebenbürgens und des sächsischen Volkes. Ein Lebensbild aus der ersten Hälfte des 16. Jahrhunderts. Wien 1896.

Schuller, Friedrich: Schriftsteller-Lexikon der Siebenbürger Deutschen. Bd. IV, Hermannstadt 1902, S. 207—218.

Netoliczka, Oskar: Beiträge zur Geschichte des Johannes Honterus und seiner Schriften. Festgabe der evangelischen Stadtpfarrgemeinde Kronstadt an den Landeskundeverein anläßlich der Vereinstage im September 1930. Kronstadt 1930.

Klein, Karl Kurt: Der Humanist und Reformator Johannes Honterus (= Schriftenreihe der Deutschen Akademie, H. 22). München 1935.

Handwörterbuch des Grenz- und Auslandsdeutschtums. Hrsg. von C. Petersen, P. H. Ruth, H. Schwalm. Bd. III, Breslau 1938, S. 141—144 (gez. K. K. Klein).

Reinerth, Karl: Die Reformation der siebenbürgisch-sächsischen Kirche (= Schriften des Vereins für Reformationsgeschichte. Nr. 173, Jg., 61, H. 2). Gütersloh 1956.

Roth, Erich: Die Reformation in Siebenbürgen. Ihr Verhältnis zu Wittenberg und der Schweiz. 2 Teile (= Siebenbürgisches Archiv. Archiv des Vereins für siebenbürgische Landeskunde. 3. Folge, Bd. 2 und 4). Köln-Graz 1962, 1964.

Wittstock, Oskar: Johannes Honterus, der Siebenbürger Humanist und Reformator. Der Mann, Das Werk, Die Zeit (= „Kirche im Osten". Studien zur osteuropäischen Kirchengeschichte und Kirchenkunde, hrsg. von R. Stupperich). Göttingen 1970.

Heinsius, Maria: Das neue Honterusbild. Johannes Honterus, der Siebenbürger Humanist und Reformator. In: Siebenbürgisch-sächsischer Hauskalender, Jahrbuch 1972, S. 37—40.

Nussbächer, Gernot: Johannes Honterus. Sein Leben und Werk im Bild (= Bildmonographien, Bd. 1). Bukarest 1973.

Huttmann, Arnold: Beiträge zur Familiengeschichte des Reformators Johannes Honter. In: Korrespondenzblatt des Arbeitskreises für Siebenbürgische Landeskunde. III. Folge, 3. Jg., 1973, H. 1 und 2, S. 11—30.

Ferner: ADB, 13, 78—83.

ALBERT HUET

Geboren 2. Februar 1537 in Hermannstadt (Sibiu)
Gestorben 23. April 1607 in Hermannstadt (Sibiu)

Albert Huet, „einer der größten Männer der sächsischen Völkerschaft, von ausgebreiteter Gelehrsamkeit und vielen Sprachen, dessen Leben eine Reihe der schönsten Taten für das Vaterland ist“ (Trausch), entstammte einem das Gewerbe der Hutmacherei ausübenden Geschlecht, was sein Name auch ausdrückt.
Er war der Jüngstgeborene von drei Söhnen des Königsrichters Georg Huet und der Tochter des reichen Hermannstädter Kaufherren und langjährigen Bürgermeisters Mathias Armbruster, Barbara.
Albert Huet wurde am 2. Februar 1537 in Hermannstadt (Sibiu) geboren und studierte in Hermannstadt und Wien. Huet wählte auf Anraten seiner Gönner das Hofleben, und tatsächlich gelang es ihm, am Kaiserhof in Wien Fuß zu fassen, wo er vornehmlich in der ungarischen Kanzlei beschäftigt war. Über eineinhalb Jahrzehnte weilte Huet in Wien und konnte sich aus den dortigen Verpflichtungen „nicht eher herauswickeln, als bis er sich bei vier Kaisern Achtung und Gnade erworben hatte“ (Karl V., Ferdinand I., Maximilian II., Rudolf II.).
In Wien erwarb sich Huet eine allseitige wissenschaftliche Bildung, die vom Geiste des Humanismus geprägt war; besonders große und ungewöhnliche Kenntnisse besaß er in Sprachen, namentlich im Italienischen, was die Vermutung zuläßt, daß Huet vielleicht im Gefolge eines Erzherzogs oder eines jungen Wiener Hochadeligen auf der Kavalierstour einige Zeit an einer italienischen Universität hospidiert habe. In Wien erarbeitete sich Huet das Rüstzeug in Form umfassender Kenntnisse und geschichtlichen Weitblicks, das ihm in seinem späteren Leben großen Dienst erweisen sollte.
Als 37jähriger Mann kehrte Huet 1574 in seine Vaterstadt zurück. Drei Jahre schon nach seiner Rückkehr in die Heimat stand Huet als Königsrichter von Hermannstadt und als Komes an der Spitze seines Volkes. Hier kam seine bedeutende staatsmännische Begabung so recht zur Geltung, indem er unter anderem die Weichen für ein bündnismäßiges Zusammengehen Siebenbürgens mit dem Hause Habsburg vor allem gegen die Südosteuropa bedrohenden Osmanen stellte. Diesen engen Anschluß versuchte er auch mit einer Verbindung des Fürsten Sigismund Bathori mit einer habsburgischen Erzherzogin zu fördern. Daneben wirkte Huet als Vorkämpfer für die politische Stellung, für das Recht seines Volkes; seine berühmte Verteidigungsrede für sein Volk gegen den Machtanspruch des ungarischen Adels erwarb ihm 1591 in Weißenburg den Ruhm eines „Sachsenstreiters“.
Huet war sowohl bei der Ausweisung der Jesuiten wie bei der Schaffung und Bestätigung des „Eigen Landrechts der Sachsen in Siebenbürgen“, bei der Hebung des Gewerbewesens im Sachsenland durch neue Ordnungen für die Zünfte, bei der äußeren Befestigung Hermannstadts und selbst an der Spitze eines Kriegszuges gegen die Türken unermüdlicher Anreger, Förderer, Mitarbeiter und -kämpfer.
Dem äußeren Wirkungsbereich Huets entsprach auch ein innerer; sein besonderes Lieblingskind war das deutsche Gymnasium in Hermannstadt, dem er seine liebe-

volle und fördernde Teilnahme angedeihen ließ. Sein Wirken wurde mit einer richtungweisenden Schulordnung von 1598 gekrönt. Sein Verdienst um Schule und Bibliothek wurde durch die großzügige Schenkung seiner reichen, persönlichen Bücherbestände an die Hermannstädter Gymnasiumsbibliothek kurz vor seinem Tod deutlich.
Albert Huet starb am 23. April 1607; er wurde in der Hermannstädter evangelischen Stadtpfarrkirche begraben. Mit ihm verlosch das Huetische Geschlecht. Von seinen Werken liegen fast nur Handschriften vor.

LITERATUR:

Trausch, Joseph: Schriftsteller-Lexikon der Siebenbürger Deutschen. Bd. II, Kronstadt 1870, S. 223—229.

Schuller, Friedrich: Schriftsteller-Lexikon der Siebenbürger Deutschen. Bd. IV, Hermannstadt 1902, S. 220—223.

Gündisch, Gustav: Was Bücher mitteilen. Albert Huets Bibliothek und ihre historische Bedeutung. In: Neuer Weg, 25. Jg., Nr. 7433, 31. 3. 1973, S. 3 f.

Ferner: ADB, 13, 283—286; W, 9, 455.

CARL IPSEN

Geboren 25. Februar 1866 in Mediasch (Mediaş)
Gestorben 24. April 1927 in Badgastein

Der in Mediasch (Mediaş) am 25. Februar 1866 geborene Carl Ipsen hat in Österreich Medizin studiert und war seit Ende des Jahres 1889 in „privater Eigenschaft" am Institut für Gerichtliche Medizin in Innsbruck tätig. Einige Jahre verbrachte er als Assistent am gleichen Institut in Graz, habilitierte sich und wurde zum supplierenden Leiter der Lehrkanzel in Innsbruck ernannt. Im Urteil der für die Wiederbesetzung betrauten Kommission heißt es: „Für den Fall, daß das k. k. Ministerium nicht den Willen hat, auf die Berufung einer ausländischen Kraft einzugehen, tritt an die Fakultät die Notwendigkeit heran, über die Frage einer eventuellen Supplierung durch die schon genannten inländischen Assistenten (Haberda, der später so berühmt gewordene nachmalige Vorstand der Wiener Lehrkanzel, und Ipsen) zu urtheilen. Für diesen Fall ist

Dr. Ipsen derjenige, der allein der Fakultät in der Zukunft Gutes zu versprechen scheint.“ Carl Ipsen wurde 1896 zum außerordentlichen und drei Jahre später zum ordentlichen Professor für Gerichtliche Medizin ernannt.
Wie sein Lehrer Kratter verfolgte auch er die gleiche, vorwiegend chemisch-toxikologisch orientierte Richtung und führte selbst die anfallenden chemischen Untersuchungen durch, erstattete aber auf dem forensisch-psychiatrischen und dem Gebiet der körperlichen Beschädigung eine große Zahl von Gutachten. Unter seiner Ägide wurde das Institut erheblich vergrößert. Dadurch war es Ipsen möglich, das Institut durch eine mustergültige Sammlung anatomischer Präparate zu bereichern. Das besondere Interesse Ipsens galt den exakten naturwissenschaftlichen Methoden, was zu einer wesentlichen Verbesserung der Apparatausrüstung des Institutes führte.
Ipsens zahlreiche Publikationen zeichnen sich durch große Genauigkeit und Klarheit aus. Sein in Meschen (Moşna) geborener Landsmann Hans Molitoris war ab 1904 sein Schüler und später Assistent; dieser wurde 1919 auf die Lehrkanzel für Gerichtliche Medizin der Universität Erlangen berufen.
Carl Ipsen, der Mitbegründer der Deutschen Gesellschaft für Gerichtliche Medizin und Präsident des Deutschen und Österreichischen Alpenvereins gewesen war, starb am 24. April 1927 in Badgastein.

WERKE:

Publikationen über Vergiftungen, Giftnachweise; Bemerkungen zur Entstehung des Fettnachweises; Untersuchungen über die Mechanik von Knochenbrüchen.

LITERATUR:

Huter, Franz (Hrsg.): Hundert Jahre Medizinische Fakultät Innsbruck 1869—1969. Festschrift (= Veröffentlichungen der Universität Innsbruck, Bd. 17: Forschungen zur Innsbrucker Universitätsgeschichte VII/2). 2. Teil: Geschichte der Lehrkanzeln, Institute und Kliniken. Innsbruck o. J. (1969), S. 270 f.
Ferner: ÖBL, 3, 41.

RUDOLF KISZLING

Geboren 8. Jänner 1882 in Groß-Becskerek

Obwohl Rudolf Kiszling am 8. Jänner 1882 in Groß-Becskerek, Banat, geboren wurde, stammten die Familien beider Elternteile aus Siebenbürgen. Der kirchenbücherlich überprüfte Stammbaum des Vaters reicht bis 1412 zurück, von wo ab die ersten sieben einander folgenden Familienältesten Königsrichter in Leschkirch (Nocrich) waren. In Hermannstadt (Sibiu) und Wien besuchte Kiszling die Realschule und studierte an der Militär-Unterrealschule in Eisenstadt, an der Militär-Oberrealschule in Mährisch-Weißkirchen sowie an der Theresianischen Militärakademie in Wiener Neustadt. Mit der Wahl der militärischen Laufbahn

setzte Kiszling die Tradition seiner Vorväter fort, die schon ab 1780 laufend aktive Offiziere stellten. Den Beginn des Ersten Weltkrieges machte Kiszling in der Generalstabsabteilung des XII. Korps (Hermannstadt) im Sommerfeldzug gegen Rußland mit. 1915 wurde er zur siebenbürgischen Gendarmerie-Truppendivision versetzt, die als Grenzsicherung gegen das zur Entente hinneigende Rumänien verwendet und später in die königlich ungarische 70. Honvéd-Infanterie-Truppendivision umgewandelt wurde. Als Generalstabschef nahm er nach dem Kriegseintritt Rumäniens an der Offensive gegen diesen Staat in Siebenbürgen teil. Vorübergehend war er im Sommer 1917 1. Generalstabsoffizier einer deutschen Infanteriedivision. Als solcher bekam er das an Österreicher nur selten vergebene Eiserne Kreuz 1. Klasse verliehen.
Das Ende des Ersten Weltkrieges erlebte er, zuletzt zum Oberstleutnant im Generalstabskorps befördert, auf italienischen Kriegsschauplätzen. Ab 1918 arbeitete Rudolf Kiszling in Wien beim Staatsamt für Heerwesen, 1920 trat er ins Kriegsarchiv (ab 1938: Heeresarchiv) ein. Neben seinen Verpflichtungen als Oberstaatsarchivar war Kiszling auch Lehrer für Kriegsführung und Kriegsgeschichte. In den folgenden Jahren erhielt er die Titel eines Obersten a. D., eines Hofrates und eines Generalstaatsarchivars. Seine eigentliche Aufgabe sah Kiszling in kriegswissenschaftlicher Forschungsarbeit. Er war einer der namhaften Mitarbeiter am mehrbändigen Werk „Österreich-Ungarns letzter Krieg", das in den Jahren 1930 bis 1938 herauskam.
Die deutsche Generalsuniform trug Kiszling von 1938 bis 1945. 1940 wurde Kiszling nach Prag berufen, wo er verschiedene organisatorische und fachliche Reformen im dortigen Heeresarchivwesen vornahm. Nach Kriegsende war er frei für große Werke, die sich thematisch von der kriegsgeschichtlichen Darstellung zur historisch-politischen Geschichtsschreibung verlagerten. Umfangreiches, sorgfältiges und kritisches Quellenstudium sowie große Fachkenntnis ermöglichten ihm eine Anzahl von hervorragenden Publikationen, die seinen Namen in der Öffentlichkeit rasch bekannt machten. Im Kriegsarchiv Wien befinden sich noch viele unveröffentlichte Arbeiten aus seiner Hand.
Aus Anlaß seines 85. Geburtstages, der in der Wiener Universität (Institut für Zeitgeschichte) groß gefeiert wurde, stellte die Bibliothek des Kriegsarchivs dort eine Bibliographie seiner Veröffentlichungen zusammen. Schon damals erreichten Kiszlings Publikationen über 120 Titel, die sich bis 1974 auf 147 erhöhten. Wiederholt bat man Kiszling um Vorträge; hier seien nur der 1967 im Freiburger Kriegsarchiv gehaltene über „Heutige Forderungen an die derzeitige Militärgeschichtsforschung" und der in Wien gehaltene über seine persönlichen Erlebnisse im Jahre 1916 im Feldzug gegen Rumänien erwähnt.
Anläßlich des 90. Geburtstages wurde Kiszling der Berufstitel „Professor" verliehen.
Noch heute ist der betagte, überaus rüstige und geistig rege Rudolf Kiszling täglich in den Studiensälen des Kriegsarchivs anzutreffen, wo er noch immer wissenschaftlich tätig ist.

WERKE:

Die Revolution im Kaisertum Österreich 1848/1849. 2 Bände, Wien 1948.
Fürst Felix zu Schwarzenberg. Der politische Lehrmeister Kaiser Franz Josephs. Graz-Köln 1952.

Erzherzog Franz Ferdinand von Österreich-Este. Leben, Pläne und Wirken am Schicksalsweg der Donaumonarchie. Graz-Köln 1953.
Die Kroaten. Der Schicksalsweg eines Südslawenvolkes. Graz-Köln 1956.
Österreich-Ungarns Anteil am Ersten Weltkrieg (= Historische Schriften des Arbeitskreises für Österreichische Geschichte, Bd. 1), Graz 1958.
Die militärischen Vereinbarungen der Kleinen Entente 1929—1937. 2 Teile in: Südost-Forschungen 1958 und 1959.

LITERATUR:

Kraus, Wilhelm: Rudolf Kiszling zum 75. Geburtstag. In: Mitteilungen des Österreichischen Staatsarchivs, Bd. X, 1957, S. 539 ff.
Probszt, Günther Freiherr von: Rudolf Kiszling. Zu seinem 80. Geburtstag. In: Südostdeutsche Vierteljahresblätter, 11. Jg., München 1962, Folge 2, S. 93—97.

KARL KURT KLEIN

Geboren 6. Mai 1897 in Weißkirch (Albeşti)
Gestorben 10. Jänner 1971 in Innsbruck

Karl Kurt Klein wurde am 6. Mai 1897 in Weißkirch (Albeşti), Nordsiebenbürgen, geboren und entstammte der Welt des evangelischen Pfarrhauses. Klein sollte einer der größten und bedeutendsten Historiker und Germanisten der Siebenbürger Sachsen werden. Sein Name steht würdig neben seinen großen Vorgängern und Landsleuten Adolf Schullerus und Friedrich Teutsch. Klein wirkte gleichermaßen als Sprachwissenschaftler, Historiker, Volkskundler, Theologe, Kirchengeschichtler und Literaturforscher und bereitete den Weg für einen weiten Kreis von nachfolgenden Wissenschaftler-Generationen.
Von der Schulbank des Hermannstädter Brukenthal-Gymnasiums rückte Klein in die k. u. k. Armee ein, wurde zweimal verwundet und mehrmals ausgezeichnet. Vier Jahre stand Klein an der Front in Rußland und Italien; 1919 machte

er noch den Theißfeldzug mit. Schon als Verwundeter lernte Klein Tirol kennen, das ihm nach dem Zweiten Weltkrieg zu seiner zweiten Heimat werden sollte. Nach Kriegsende studierte Klein klassische Philologie, Germanistik, Theologie und die Rechte, zunächst in Debrezin und Klausenburg (Cluj), später in Marburg. 1921 promovierte er mit der Untersuchung eines mittelniederdeutschen Textes in Klausenburg mit Auszeichnung und legte 1923 die theologischen Fachprüfungen in Hermannstadt ab. Sein beruflicher Werdegang begann als Gymnasiallehrer für Deutsch, Klein wechselte aber schon bald zur Redaktion der „Deutschen Tagespost" in Hermannstadt über. Bald folgte er einem Ruf nach Iași, wo er Stadtpfarrer der in der Diaspora lebenden evangelischen Gemeinde deutscher Zunge wurde, daneben wurde er Universitätsassistent, Dozent, später Professor und schließlich Direktor der Universitätsbibliothek. Hier lernte er auch seine Frau Ernestine, die Tochter des Färbereibesitzers Martin Buchholzer, kennen, die ihm fünf Kinder schenkte; von ihnen leben heute noch drei Söhne. Die zweite und zugleich letzte akademische Station in der Heimat war Klausenburg, und zwar der Lehrstuhl für deutsche Literatur und Sprache, auf den Klein 1939 berufen wurde. Sein Vorgänger, Gustav Kisch, hatte diese Lehrkanzel schon zu einem Zentrum der Germanistik im Südosten Europas ausgebaut. Dieser verheißungsvolle Neubeginn wurde nach wenigen, schwierigen Jahren durch die Katastrophe des Zweiten Weltkrieges jäh unterbrochen.

1944 wurde Klein mit seiner Familie nach Österreich evakuiert, wo er sich schließlich in Tirol eine neue Existenz gründen mußte. Die abermalige Stufenleiter einer akademischen Laufbahn blieb ihm nicht erspart; innerhalb von zehn Jahren stieg Klein neuerlich vom Lehrbeauftragten zum ordentlichen Professor und Inhaber des altgermanistischen Lehrstuhls an der Universität Innsbruck auf, den er bis zu seiner Emeritierung 1963 innehatte. Eine ausgezeichnete Rednergabe paarte sich in Klein mit einem leidenschaftlichen Lehrer; Klein hatte eine ausgesprochene Gabe zur Menschenführung und zur Begeisterung. Selten sind einem Universitätsprofessor die Liebe und Verehrung der Studenten in so reichem Maße zuteilgeworden wie ihm. An äußeren Ehrungen mangelte es ihm nicht: die Universität Bonn verlieh ihm den Doktor honoris causa (1939), 1941 erhielt Klein den deutschen Germanistenpreis; 1965 wurde er mit dem Mozartpreis der Johann-Wolfgang-von-Goethe-Stiftung, Basel, geehrt, seine Landsmannschaft verlieh ihm den Siebenbürgischen Kulturpreis. Kleins Lebenswerk kurz zu umreißen ist so gut wie unmöglich. Seine Vielseitigkeit und geistige Ausstrahlung erlauben nur einige wenige Schwerpunkte.

Sein Schicksal spiegelt sich in seinem Werk: mehr als 20 Buchveröffentlichungen, rund 20 Beiträge zu Sammelbänden, etwa 250 Zeitschriftenaufsätze (viele unter seinen einprägsamen Initialen: K. K. K.). Daneben war Klein Herausgeber zahlreicher Publikationen im In- und Ausland sowie Mitarbeiter vieler Forschungsvorhaben. Er beteiligte sich aktiv an unzähligen Kulturveranstaltungen, an Tagungen südostdeutscher Landsmannschaften in Österreich und Deutschland, an Ferienkursen in Mayrhofen und an Hochschulwochen in Meran.

In seinem mehrere Gebiete umspannenden wissenschaftlichen Werk finden sich Arbeiten, die zum Teil nebeneinander stehen und auch miteinander verwoben sind: so etwa Arbeiten über die Geschichte der Goten zur Zeit des Bischofs

Wulfila, über Siedlungs- und Sprachgeschichte der Siebenbürger Sachsen, Arbeiten am siebenbürgisch-sächsischen aber auch am Tiroler Sprachatlas, Arbeiten zur Literaturgeschichte der Deutschen im Ausland, Arbeiten über die Reformationszeit in Siebenbürgen und über Johannes Honterus (siehe dort!), über die Anfänge der Literatur, über deutsche Dichter des Mittelalters (Walther von der Vogelweide, Oswald von Wolkenstein, Wolfram von Eschenbach, Gottfried von Straßburg), über rumänisch-deutsche Literaturbeziehungen, über Ungarn in der deutschen Dichtung (Klein war stets stolz darauf, in allen drei in Siebenbürgen gesprochenen Sprachen gelehrt und publiziert zu haben), schließlich Arbeiten zur Zeitgeschichte, in denen sich Klein mit seinen treffenden Gedenkaufsätzen und Nachrufen als Chronist erwiesen hat.

Erstaunlich, wie sehr sich Klein Themen seiner neuen Heimat öffnete, sich aber gesamtdeutschen, ja europäischen Problemen nicht verschloß. Seine eigentliche Liebe aber gehörte südosteuropäischen, im speziellen siebenbürgischen Fragestellungen; selbst in den zwei Jahrzehnten wissenschaftlicher Bindung an Tirol blieb „Siebenbürgen die Wohnstatt seines Herzens“ (Myß). Klein wurde neben anderen Mitinitiator für die Gründung des durch den Krieg zerschlagenen Vereins für Siebenbürgische Landeskunde und somit zum geistigen Vater der jungen, im Westen ansässig gewordenen Forschergeneration des siebenbürgisch-sächsischen Volksstammes. Nicht nur in Gymnasien, Redaktionsstuben und Rundfunkhäusern wirken heute Kleins Schüler, sondern auch an nicht wenigen Hochschulen Europas und in Übersee.

Diesem reichen, rastlosen und mit großer Genügsamkeit streng eingeteilten Leben folgten noch mehrere Jahre qualvollsten Leidens für Klein selbst und seine Familie — doch auch diese ausgefüllt mit wissenschaftlicher Arbeit! —, bis ihm schließlich Herz und Zunge den Dienst versagten. Am 10. Jänner 1971 starb K. K. Klein nach einem langen, beschwerlichen Leiden.

WERKE:

Der Humanist und Reformator Johannes Honter. Untersuchungen zur siebenbürgischen Geistes- und Reformationsgeschichte (= Schriften der Deutschen Akademie in München, H. 22). Hermannstadt-München 1935.

Literaturgeschichte des Deutschtums im Ausland. Schrifttum und Geistesleben der deutschen Volksgruppen im Ausland vom Mittelalter bis zur Gegenwart. Leipzig 1939.

Siebenbürgisch-deutscher Sprachatlas (Mitherausgeber). 2 Teilbände, 1961.

Transsylvanica. Gesammelte Abhandlungen und Aufsätze zur Sprach- und Siedlungsforschung der Deutschen in Siebenbürgen (= Buchreihe der Südostdeutschen Historischen Kommission, Bd. 12). München 1963.

Saxonica Septemcastrensia. Forschungen, Reden und Aufsätze aus vier Jahrzehnten zur Geschichte der Deutschen in Siebenbürgen. Marburg 1971.

LITERATUR:

Krauß, Friedrich: Karl Kurt Klein als Sprach- und Mundartforscher. In: Südostdeutsche Heimatblätter, 6. Jg., München 1957, S. 58—64.

Petri, Hans: Karl Kurt Klein als Pfarrer der evangelischen Gemeinde zu Jassy. In: Südostdeutsche Heimatblätter, 6. Jg., München 1957, S. 65—67.

Zillich, Heinrich: Der Literaturforscher und Mensch Karl Kurt Klein. In: Südostdeutsche Heimatblätter, 6. Jg., München 1957, S. 56—58.

Moser, Hugo: Karl Kurt Klein zum 70. Geburtstag. In: Südostforschungen, Bd. XXVI, München 1967, S. 368—370.

Zillich, Heinrich (und Möckel, Andreas): Dem schöpferischen Deuter unserer Geschichte und Sprache. Prof. Dr. Dr. h. c. Karl Kurt Klein zum 70. Geburtstag. In: Siebenbürgische Zeitung vom 30. 4. 1967, S. 2—3.

Schwob, Anton: Karl Kurt Klein. In: Mitteilungen der Südosteuropa-Gesellschaft, München 1970, 10. Jg., Nr. 3/4, S. 13—15.

Möckel, Andreas: Nachruf auf Karl Kurt Klein. In: Korrespondenzblatt des Arbeitskreises für Siebenbürgische Landeskunde, III. Folge, 1. Jg., 1971, H. 3, S. 65—74.

Myß, Walter: Karl Kurt Klein. In: Siebenbürgische Zeitung vom 31. 1. 1971, S. 3—4.

Schwob, Anton: Auswahlbibliographie der Veröffentlichungen von Karl Kurt Klein. In: Südostdeutsches Archiv, München 1971, Bd. 14.

Thurnher, Eugen: Karl Kurt Klein. Forscher, Lehrer, Politiker. In: Südostdeutsches Archiv, Bd. XIV, München 1971, S. 1—8.

Zillich, Heinrich: Karl Kurt Klein. In: Südostdeutsche Vierteljahresblätter, 20. Jg., München 1971, Folge 2, S. 73—76.

EMIL LANGE VON BURGENKRON

Geboren 8. Jänner 1840 in Kronstadt (Braşov)
Gestorben 14. August 1886 in Frohnleiten

In Kronstadt (Braşov) wurde Emil Lange von Burgenkron am 8. Jänner 1840 als Sohn des k. k. Statthaltereirates Peter Traugott Lange von Burgenkron geboren. Nach dem Gymnasialstudium in Kronstadt und Hermannstadt widmete er sich bis 1860 den juristischen Fächern an der Wiener Universität; zwei Jahre später promovierte er in Graz. Seine berufliche Laufbahn in der königlich siebenbürgischen Hofkanzlei, wo er bis zum Hofkonzipisten aufrücken konnte, wurde durch deren Auflösung 1867 jäh unterbrochen. Die folgenden Jahre arbeitete Lange als Advokaturskonzipient; später trat er bei der k. k. privaten österreichischen Nordwestbahn als Konzeptsbeamter in den Dienst der gemeinsamen Zentralverwaltung ein. Bald wurde er zum Handelsberichterstatter ernannt; zahlreiche Dienstreisen führten ihn ins Ausland. Infolge seiner großen Fachkenntnisse im Eisenbahntarifwesen erhielt Lange eine Berufung ins k. k. Handelsministerium. Seine dortige „Stufenleiter": k. k. Ministerialsekretär, k. k. Oberinspektor in der Abteilung für kommerziellen Betrieb im Rahmen der Generalinspektion der österreichischen Eisenbahnen, selbständiger Leiter dieser Abteilung.
Lange erhielt den Titel und die Stellung eines k. k. Regierungsrates und war seit 1883 auch Kommissar bei der österreichisch-ungarischen Staatseisenbahngesellschaft. Neben seinen engeren beuflichen Verpflichtungen beschäftigte sich Lange auch intensiv mit Arbeiten der Eisenbahntarifberatung. Wiederholt wurde er ins Ausland entsandt, so nach Bern zu den internationalen Verhandlungen über das Eisenbahn-Frachtrecht und über die technische Einheit im Eisenbahnwesen sowie nach Berlin zu den Unterhandlungen über Eisenbahnanschlüsse. Dank seiner umfassenden wissenschaftlichen Bildung erwarb sich Lange den über die Grenzen der Monarchie reichenden Ruf eines hervorragenden Tariffachmannes.
Seit 1883 war er Regierungskommissar bei den Prüfungen in der Fortbildungsschule für Eisenbahnbeamte, wobei er nebenbei von 1875 bis 1877 auch Dozent an der Wiener Handelshochschule war. Neben seinem amtlichen Beruf entfaltete Lange eine rege Betätigung in öffentlicher Richtung, so als Verwaltungsrat des Ersten allgemeinen Beamtenvereins, als Bezirkskassier für Wien des Vereins für Siebenbürgische Landeskunde, als korrespondierendes Mitglied der Kronstädter Handels- und Gewerbekammer, als Vorstandsmitglied des Gustav-Adolf-Vereins, als Mitglied der Gemeindevertretung der evangelischen Gemeinde A. B. in Wien, als Presbyter seiner Wiener Kirchengemeinde, als korrespondierendes Mitglied des niederösterreichischen Gewerbevereines, als Vorstand des siebenbürgischen Karpatenvereines „Wien".
Am 14. August 1886 wurde dieser vielseitige, tüchtige Mann 46jährig aus einem reichen, aktiven Leben in Frohnleiten abberufen.

WERKE:

Neben vielen anderen Facharbeiten:
Das Tarifwesen der österreichischen Privateisenbahnen. Wien 1882.

LITERATUR:

Schuller, Friedrich: Schriftsteller-Lexikon der Siebenbürger Deutschen. Bd. IV, Hermannstadt 1902, S. 258—260.
Ferner: ÖBL, 5, 1.

OTTO RUDOLF LIESS

Geboren 27. November 1914 in Wien

Als Otto Rudolf Ließ am 27. November 1914 geboren wurde, waren seine Eltern, die beide aus Siebenbürgen stammten, in Wien ansässig. Er war der dritte Sohn des k. u. k. Militärbeamten Andreas Ließ und dessen Gattin Hermine, geborene Sluka. Nach dem Zusammenbruch des Ersten Weltkrieges kehrten die Eltern 1918 mit dem vierjährigen Otto in das Heimatdorf Heldsdorf (Hălchiu) bei Kronstadt (Braşov) zurück; in Zeiden (Codlea) besuchte der Bub die Volksschule, in Hermannstadt (Sibiu) und Kronstadt das Gymnasium. Nach der Matura bezog Ließ 1932 die Universität Bukarest, wo er das vorgeschriebene sogenannte „Vorbereitungsjahr" absolvierte. Als Stipendiat des deutschen Herder-Institutes konnte er zwei Semester in Riga verbringen. Als echter „Wanderstudent", wie es besonders den deutschen Studenten im Ausland, die im binnendeutschen Raum studierten, zukam, studierte Ließ in den folgenden Jahren an den Universitäten

in Königsberg, Leipzig, Tübingen und Berlin. Neben Philosophie und Theologie hörte Ließ auch noch Zeitungswissenschaft, Nationalitätenkunde, romanische Philologie. 1939 schloß er seine Studien mit einer Dissertation über „Stephan Ludwig Roth, der Publizist des Südostens“ ab.
Zu Kriegsbeginn meldete sich Ließ freiwillig zur Deutschen Wehrmacht. Aus gesundheitlichen Gründen wurde er jedoch erst 1942 eingezogen und an der Ostfront eingesetzt. Schon vor seinem Wehrdienst und nach einem körperlichen Zusammenbruch 1943 war Ließ in Presse und Rundfunk publizistisch tätig, zunächst in Berlin, später leitete er in Kronstadt und Bukarest die Pressestelle der Deutschen Volksgruppe in Rumänien.
Nach dem Frontwechsel Rumäniens 1944 machte Ließ als Soldat den Rückzug bis Österreich mit und hält sich seit 1945 in Wien auf. Hier hörte er zunächst noch drei Semester an der evangelischen Fakultät der Universität Wien und im slawistischen Seminar ihn interessierende Spezialfächer (so Hegelianismus in Rußland, Orthodoxie u. a. m.) und legte Ende 1946 die theologische Staatsprüfung ab. In den Nachkriegsjahren bis 1950 stellte sich Ließ in den Dienst seiner Glaubensbrüder und Landsleute und war im kirchlichen Hilfsdienst, vornehmlich in der Inneren Mission, und im Rahmen der Heimatvertriebenenhilfe tätig. 1950 heiratete er die Mittelschullehrerin Dr. Elisabeth Woldrich. Seit dieser Zeit lebt Ließ als freier Schriftsteller, Mitarbeiter und Herausgeber von Zeitschriften und Tagesorganen, darunter: „Österreichische Osthefte“, Wien; „Schweizer Monatshefte“, Zürich; „Wort und Wahrheit“, Wien; „Hochland“, München; „Osteuropa“, Stuttgart; „Die Presse“, Wien; „Die Industrie“, Wien; dpa, Hamburg; „Christ und Welt“; „Die Tat“, Zürich; „Münchner Merkur“; „Schweizerische Arbeitgeber-Zeitung“; „Schweizerische Gewerbe-Zeitung“; „Ost-West-Kurier“, Frankfurt; „Frankfurter Hefte“; „Tagespost“, Graz; „Erdöl-Dienst“, Wien.
Dank seiner ausgezeichneten Sprachkenntnisse betreibt Ließ auch viele literarische und technische Übersetzungen. Ließ hat sich aber besonders als Wirtschaftsexperte einen Namen gemacht und sich thematisch dem Südosten verschrieben, wobei er jedoch auch den Fernen Osten und China mitberücksichtigt.
Er ist ein sehr guter Kenner osteuropäischer Fragen und seine Arbeiten kreisen um Führungsprobleme, Nationalitäten-, Agrar- und Kirchenfragen der Satellitenländer sowie um Ost-West-Handelsanalysen. Seine reiche Publikations- und Vortragstätigkeit haben Otto R. Ließ weit über die Grenzen Österreichs bekannt gemacht.

WERKE:

Neben einer Reihe von Zeitschriftenaufsätzen, zum Teil unter Pseudonymen (Transsylvanus, Dreistern, Arnold Hochheim, Arnold Klees, ztk, zk):
Ungarns Sozialpolitik seit 1945. Sonderdruck aus: Wirtschaft und Gesellschaft Südosteuropas. Gedenkschrift für Wilhelm Gülich. München 1961.
Planwirtschaft und Sozialismus in Rumänien. In: Die Wirtschaftssysteme der Staaten Osteuropas und der Volksrepublik China. Bd. II, hrsg. von G. Jahn. Berlin 1962.
Ungarn zwischen West und Ost (mit Theodor Peschaut). Schriftenreihe der Niedersächsischen Landeszentrale für politische Bildung. Hannover 1963.
Ungarn zwischen Ost und West. Wien-Stuttgart 1964.
Rumänien zwischen Ost und West. Schriftenreihe der Niedersächsischen Landeszentrale für politische Bildung. Hannover 1965.
Denkt man im Osten noch europäisch? Stuttgart 1965.

Weltgewerkschaftsbund — Internationaler Bund freier Gewerkschaften. Gewerkschaftspolitische Konfrontation und Ost-West-Gespräche. Schriftenreihe der Niedersächsischen Landeszentrale für politische Bildung. Hannover 1966.
Rumänien — Tradition und Erneuerung. Aus Politik und Zeitgeschichte (= Beilage zur Wochenzeitung „Das Parlament“, Bd. 11, 15. 3. 1967).
Albanien zwischen Ost und West. Schriftenreihe der Niedersächsischen Landeszentrale für politische Bildung. Hannover 1968.
Südosteuropa. Befund und Deutung. Wien 1968.
Albanien — Ein Vierteljahrhundert Kommunismus (mit Robert Schwanke). Aus Politik und Zeitgeschichte (= Beilage zur Wochenzeitung „Das Parlament“, B 44, 1. 11. 1969).
Ungarn. Umgang mit Völkern. Schwäbisch Hall 1970.
Tschechen und Slowaken. Umgang mit Völkern (mit Karl Matal). Schwäbisch Hall 1970.
Südosteuropa — Wachablöse der Generationen. Schriftenreihe der Niedersächsischen Landeszentrale für politische Bildung. Hannover 1970.
Ungarn — Österreichs zweiter COMECON-Partner. In: Die Industrie, Nr. 50, 10. 12. 1971, S. 18—20.
China und die moderne Welt. In: Die Industrie, Nr. 5, 28. 1. 1972, S. 24—25.
Ideenreiches Rumänien. Entwicklungsland hilft Entwicklungsländern — COMECON-Partnerschaft und weltwirtschaftliche Verflechtung. In: Die Industrie, Nr. 19, 5. 5. 1972, S. 20—22.
Sowjetische Nationalitätenstrategie als weltpolitisches Konzept. In: Ethnos, Wien-Stuttgart 1972.
Österreichs Kulturauftrag und die Donauländer. Ein aktuelles Thema der Ostpolitik. O. O., o. J.
Rumänien — eine Nation in Igelstellung. Stuttgart o. J.

HEINRICH LIPTAK

Geboren 1898 in Kronstadt (Braşov)
Gestorben 15. Jänner 1971 in Wien

Senatsrat Dr. Heinrich Liptak wurde 1898 in Kronstadt (Braşov) geboren. Er ließ sich, 1916 kriegsfreiwillig eingerückt, aktivieren und schied als Hauptmann 1925 aus dem Militärdienst. Nach abgeschlossenem Studium der Rechte wirkte er als Richter und wurde 1936 weltlicher Rat der höchsten kirchlichen Behörde der evangelischen Kirche Österreichs. Bald darauf, 1939, wählten ihn die Synodalausschüsse zum Präsidenten des evangelischen Oberkirchenrates. In der schwierigen Zeit gegen Ende des Zweiten Weltkrieges, als Österreich von Flüchtlingsströmen überschwemmt wurde, gründete Liptak das Ökumenische Hilfswerk der Kirche. Nach Einführung der neuen Kirchenverfassung, die unter anderem festlegte, daß der Bischof den Oberkirchenrat zu leiten habe, legte er 1949 sein Amt nieder, kehrte in den Staatsdienst zurück und trat als Hofrat und Senatsrat beim Oberlandesgericht in den Ruhestand.
In der Zeit seit Neuregelung der Rechte der evangelischen Kirche in Österreich durch das Protestantenpatent von 1861 war Heinrich Liptak nach Josef Andreas Zimmermann (siehe dort!), Conrad Freiherr von Schmidt-Altenheim (siehe dort!) und Viktor Capesius (siehe dort!) der vierte Siebenbürger Sachse, der als Laie an der Spitze dieser Kirche stand — unter insgesamt acht weltlichen Präsidenten des Oberkirchenrates.
Liptak starb am 15. Jänner 1971 in Wien.

LITERATUR:

Folberth, Otto: Bedeutende Siebenbürger Sachsen in Österreichs Vergangenheit: In: Festschrift. Hrsg. anläßlich des 100jährigen Bestandes des Vereins der Siebenbürger Sachsen in Wien. Wien o. J. (1971).
May, Gerhard: Präsident Dr. Heinrich Liptak zum Gedenken. In: Die Saat. Wien, Folge 3, 7. 2. 1971, S. 5.

Lithographie von Josef Kriehuber, 1860

CARL JOSEPH MAAGER

Geboren 15. März 1813 in Kronstadt (Braşov)
Gestorben 23. Februar 1887 in Kronstadt(Braşov)

Der am 15. März 1813 in Kronstadt (Braşov) geborene Carl Joseph Maager war Sohn eines Kaufmannes. Bis zur vorletzten Klasse besuchte Maager das Honterusgymnasium, als ihn sein Vater 1829 von der Schulbank nahm und ihn als Lehrling in sein Unternehmen einstellte. Mit 22 Jahren war er bereits Mitinhaber, mit 30 Jahren der alleinige Träger der Firma. Diese für siebenbürgische Verhältnisse eigentümlichen Lehr- und Entwicklungsjahre förderten sein späteres Auftreten in der Öffentlichkeit, wo er Verantwortungsfreudigkeit, Unternehmungsgeist, rasche Auffassung und Entschlußkraft, schnelles Handeln, Selbstvertrauen und einen klaren, mutigen Vortrag zeigte.
Öffentliche Aufgaben allgemeiner Art beschäftigten ihn. 1844 wurde Maager in die Hundertmannschaft gewählt und konnte gemeinsam mit einigen Gesinnungs-

genossen mehrere Reformen durchsetzen. Später stand er auch der 1851 in Kronstadt gegründeten Handels- und Gewerbekammer als Präsident vor.
Anläßlich einer Tagung des Siebenbürgischen Landeskundevereins lernte er 1846 Stephan Ludwig Roth (siehe dort!) kennen, mit dem ihn eine innige Freundschaft bis zu dessen Tod verband. Roth ehrte in dem 17 Jahre jüngeren Maager „einen antiken Charakter: gemeinnützig, mit offenem Gesicht, ohne Nebenabsichten"; einen Menschen, der „selten und aller Hochachtung wert" sei.
In der Folge des ungarischen Aufruhrs nach dem Sturz Metternichs begab sich Maager in die Walachei, um die dort stationierten russischen Okkupationstruppen um militärischen Schutz für Kronstadt zu ersuchen. In den Augen der Ungarn machte sich Maager dadurch freilich eines glatten Hochverrates schuldig; trotzdem gelang es ihm, durch taktisch kluge Unterredungen mit General Bem und anderen ungarischen Persönlichkeiten größere Gefahr von seinen Landsleuten abzuwehren. 1849 wurde Maager, dem man kraft seiner Erfolge jede diplomatische Mission anvertraute, an der Spitze einer sechsgliedrigen Delegation zu Kossuth nach Debrezin geschickt.
Gelegenheit, seine Fähigkeiten und seine Charakterstärke auch vor der großen Öffentlichkeit unter Beweis zu stellen, bot das Jahr 1860: Kaiser Franz Joseph berief Maager in den sogenannten „verstärkten Reichsrat". Diese Institution wurde geschaffen, um Kaiser und Krone bei der Lösung schwierigster Probleme zu beraten und zu unterstützen, nachdem sich das zehn Jahre lang ausgeübte neuabsolutistische Regierungssystem nicht mehr aufrecht erhalten ließ. Höchste Würdenträger des Staates sowie 38 Vertreter sämtlicher Kronländer, davon drei aus Siebenbürgen (1 Magyare, 1 Rumäne, 1 Siebenbürger Sachse), waren vertreten. Unter den insgesamt 60 Mitgliedern des Reichsrates gab es bloß acht Bürgerliche, davon nur zwei Protestanten: einer war Carl Maager. In den zehn wichtigsten Sitzungen des Reichsrates, die sich über zwei Wochen erstreckten, meldete sich Maager 25mal zu Wort. Mit einfacher, überzeugender Rede und ungemeiner Volkstümlichkeit schnitt er Kardinalfragen des Habsburgerreiches an. Er wurde, indem er die Gleichberechtigung und Gleichstellung der christlichen Konfessionen, die Pressefreiheit sowie eine demokratische Reichsverfassung für den österreichischen Staat forderte, ein mutiger Vorkämpfer für Österreichs verfassungsmäßige Freiheit.
Sein kühnes Auftreten elektrisierte die politische Öffentlichkeit. In- und ausländische Zeitungen berichteten täglich von den Sitzungen. Geradezu über Nacht wurde Maager der populärste Mann Wiens. Von öffentlicher wie privater Seite wurden ihm Ehrungen zuteil. Vier Städte verliehen ihm die Ehrenbürgerschaft (Brünn, Krems, Salzburg, Znaim). In vielen Auslagen hingen seine Porträts; selbst die Mode bemächtigte sich seines Namens: es gab Maager-Hüte, Maager-Krawatten, Maager- Anzüge, Maager-Uhren. Sogar für ein Ehrengeschenk wurde eine beträchtliche Summe zusammengetragen. Auch den Kaiser, der ihn in Privataudienz empfing, beeindruckte sein Auftreten.
Der deutlichste Erfolg war wohl die kurz darauf erfolgte Unterzeichnung des für die Evangelischen in Österreich so bedeutsamen „Protestantenpatents" am 8. April 1861, das ihnen in hohem Maße Gleichberechtigung, wenn auch noch nicht völlige Gleichstellung mit den Katholiken gewährte.

Wieder in seine Heimat zurückgekehrt, wo er mit Jubel empfangen wurde, widmete sich Maager Belangen seiner Vaterstadt, worunter besonders auch die siebenbürgische Eisenbahnfrage fiel. Sein Eintreten hiefür hatte auch längere Aufenthalte in Wien zur Folge.
Mehrere Jahre war Maager in Pest als Leiter der ungarischen Ministerial-Buchhaltung, betreffs Eisenbahn-Rechnungssachen, tätig.
Carl Maager starb am 23. Februar 1887 in Kronstadt.

WERKE:

Neben Berichten in der „Wiener Zeitung" vom Jahr 1860 über die Sitzungen des verstärkten Reichrates:
Zur siebenbürgischen Eisenbahnfrage. Wien 1862.
Bericht über die Pariser Weltausstellung. Kronstadt 1867.

LITERATUR:

Trausch, Joseph: Schriftsteller-Lexikon der Siebenbürger Deutschen. Bd. II, Kronstadt 1870, S. 377—382.
Neugeboren, Heinrich: Ein Gedenkblatt für Carl Maager. Kronstadt 1887.
o. A.: Aus dem Leben Carl Maagers. Hermannstadt 1889.
Schuller, Friedrich: Schriftsteller-Lexikon der Siebenbürger Deutschen. Bd. IV, Hermannstadt 1902, S. 272.
Folberth, Otto: Minister Thun und die Siebenbürger Sachsen. Ungeschriebene Kapitel der Geschichte des Protestantismus in Österreich. In: Jahrbuch der Gesellschaft für die Geschichte des Protestantismus in Österreich. 80. Jg. (1964), S. 47—65.
Folberth, Otto: Ein gar nicht „circumspekter" Siebenbürger Sachse, Reichsrat Carl Maager. In: Südostdeutsche Vierteljahresblätter, 15. Jg., München 1966, Folge 2, S. 78—83.
Sutter, Rotraut: Die Siebenbürger Sachsen in Stadt und Land Salzburg (= Schriftenreihe der Kommission für ostdeutsche Volkskunde, hrsg. von Erhard Rieman, Bd. 10). Marburg 1972, S. 231.
Ferner: W, 16, 185—188; ÖBL, 5, 383—384.

PAUL TRAUGOTT MEISSNER

Geboren 23. März 1778 in Mediasch (Mediaş)
Gestorben 9. Juli 1864 in Wien

Als Sohn eines früh verstorbenen Chirurgen wurde Paul Traugott Meißner am 23. März 1778 in Mediasch (Mediaş) geboren; die Erziehung des Knaben übernahm dessen Stiefvater Johann Wagner, der spätere Stadtpfarrer von Mediasch. Auf seine Empfehlung hin wurde Paul 1793 als Lehrling in die Misselbachersche Apotheke zu Schäßburg (Sighişoara) aufgenommen. Nach vier Jahren, in denen ihm bereits einige chemische Experimente gelangen, begab sich Meißner 1797 nach Wien, um sich dort der Medizin zu widmen. Bald aber wechselte er über zu Chemie und Pharmazie. Eine weite Fußreise brachte ihn durch viele Teile Deutschlands, zwei Jahre lang ließ er sich in Aussee nieder, wo er die Apotheke des k. k. Salzoberamtes leitete, bis er sich schließlich auf der Heimreise nach Siebenbürgen in Pest das Diplom als Magister der Pharmazie erwarb. Bis 1811 leitete er nun die Apotheke „Zur weißen Kirche" in Kronstadt (Braşov), die ihm durch die Heirat mit der aus schlesischer Familie stammenden Besitzerstochter, Sara Elisabetha, zufiel. Hier schuf Meißner ein Laboratorium, das zum Zwecke der Belieferung der übrigen Apotheken des Landes chemisch-pharmazeutische Präparate auf breiterer Basis erzeugte. Er war auf diese Weise ein Vorläufer des bekannten Darmstädter Apothekers H. E. Merck, dessen diesbezügliche Tätigkeit einige Jahrzehnte später einsetzte.
Meißner verkaufte aber die Apotheke wieder und übersiedelte mit Frau, Stiefsohn und zwei Kindern nach Wien. Hier wurde er 1815 zum Adjunkten, bald darauf zum Professor der Technischen Chemie an dem neu errichteten k. k. Polytechnischen Institut, der späteren Technischen Hochschule, und 1842 zum Professor für Allgemeine Chemie ernannt. Als solcher ging Meißner 1845 in Pension, hielt aber ab 1850 wieder am selben Institut begeistert aufgenommene Vorlesungen über Wärme. Seine im „Ruhestand" fortgesetzten Forschungen sind von höchster Bedeutung; Meißner war weitgehend Selbstdenker und Selbstforscher und erlangte namentlich in der Aräometrie Weltgeltung. Als Verfasser voluminöser Werke über Chemie, Physik und Technik hatte er viele originelle Ideen, während sich das von ihm aufgestellte System der Chemie, das er in einer heftigen, mit Justus von Liebig geführten Polemik mit viel Temperament verteidigte, als verfehlt erwies. Trotzdem fand es zu seiner Zeit großen Widerhall und erfreute sich in England, Frankreich, Italien und Rußland großer Verbreitung; gewisse Einflüsse soll es auf die Erfindung und Verbesserung der Daguerreotypie, der Dampfmaschine, der Chemie der Farbstoffe sowie der galvano-elektrischen Methoden ausgeübt haben.
Am weitesten wurde sein Name verbreitet durch seine Erfindung der Heißluftheizung sowie der Ventilation und Erwärmung der Krankenzimmer. Diese technischen Neuerungen wurden auf der Pariser Weltausstellung 1855 lebhaft begrüßt und in kurzer Zeit in zahllosen Privat- und öffentlichen Gebäuden in ganz Österreich und im Ausland eingeführt; in Wien zum Beispiel im Allgemeinen Krankenhaus, in einigen Militärspitälern, in der Hofburg und teilweise auch an der Technischen Hochschule.

1850 erfolgte durch den nunmehr 73jährigen Meißner die technische Erfindung der Heizung und Erwärmung der Eisenbahnwaggons, wodurch ein wichtiges Problem definitiv gelöst wurde. Stephensons Erfindung der Dampflokomotive hatte den Verkehr revolutioniert, doch erst Meißners Heizung hatte sie komplettiert. Seine Lösung war einfach und rationell: ohne den Aufwand von Brennmaterial leitete er die aus der Lokomotive ausströmende Heißluft durch ein Röhrensystem in die Waggons und konnte die so erzeugte Temperatur durch eine dem heutigen System ähnliche Vorrichtung regeln. Die erzielten günstigen Ergebnisse bewogen die österreichische Eisenbahnverwaltung in den Jahren 1852 bis 1854 dazu, dieses System in allen ihren Zügen einbauen zu lassen. Von hier wurde die Entdeckung von den übrigen Ländern übernommen.

Zu Meißners weiteren Erfindungen gehören unter anderem zwei Teilungsinstrumente für gerade Linien zur genauen Anfertigung von Aräometern und Thermometern, wofür er eigens eine Belohnung von Kaiser Franz erhielt.

Paul Traugott Meißner wurde 86 Jahre alt und starb am 9. Juli 1864 in Wien.

WERKE:

Vorschläge zu einigen neuen Verbesserungen pharmaceutischer Operationen und dazugehöriger Apparate ... Wien 1814.
Aräometrie in ihrer Anwendung auf Chemie und Technik. Wien 1816, 2 Teile.
Handbuch der allgemeinen und technischen Chemie. 5 Bände, Wien 1819—1833.
Die Heizung mit erwärmter Luft, als das wohlfeilste, bequemste und gleich die Feuersgefahr am meisten entfernende Mittel zur Erwärmung größerer Räume. Wien 1821.
System der Heilkunde aus den allgemeinsten Naturgesetzen gefolgert. Wien 1832.
Chemische Aequivalenten- und Atomlehre zum Gebrauche für Chemiker, Pharmaceuten und Techniker gemeinfaßlich dargestellt. Wien 1838, 2 Bände.
Neues System der Chemie. 3 Bände, Wien 1835, 1836.
Justus Liebig. Frankfurt am Main 1844.
Des alten Schulmeisters Glossen über die neuen Verfassungs-Experimente. Wien 1848.
Vorträge über Pyrotechnik. Wien 1852.
Die Ventilation und Erwärmung der Kinderstube und des Krankenzimmers ... Wien 1852.
Beiträge zur Kenntnis der Cholera. Wien 1864.

LITERATUR:

Trausch, Joseph: Schriftsteller-Lexikon der Siebenbürger Deutschen. Bd. II, Kronstadt 1870, S. 408—416.
Spielmann, Josef und Huttmann, Arnold: Bedeutende Naturwissenschaftler aus Siebenbürgen. Drei Kurzporträts. In: Die Grünenthal-Waage, 4. Jg., 1969, Bd. 8, S. 165—168.
Polonyi, Heinrich: Paul Traugott Meissner (1778—1864). Ein fast vergessener Mediascher Gelehrter und Erfinder. In: Siebenbürgisch-sächsischer Hauskalender, Jahrbuch 1975, S. 77—82.
Ferner: W, 17, 309—312.

MICHAEL FREIHERR VON MELAS

Geboren 13. Mai 1729 in Radeln (Roadeş)
Gestorben 31. Mai 1806 in Elbe-Teinitz

Michael Benedikt Melas wurde als Sohn des Radelner Pfarrers und späteren Stadtpfarrers von Schäßburg, Bartholomäus Melas, am 13. Mai 1729 in Radeln (Roadeş) geboren. Der Knabe besuchte das Gymnasium in Schäßburg (Sighişoara); schon in seinen Schulferien spielte er gerne mit den in der Radelner Kirchenburg aufbewahrten Waffen. Obwohl auch seine Mutter einer Pfarrfamilie entstammte, wandte sich Melas nicht dem Pastorenberuf zu, sondern trat 1752 in das im Raum um Schäßburg liegende Infanterieregiment ein. Am Vorabend des Siebenjährigen Krieges war Melas bereits Unterleutnant und empfing 1757 bei Kolin die Feuertaufe. Er kämpfte in allen großen Schlachten mit und befehligte zum Schluß dieses Krieges bereits eine Grenadierkompanie, später als Major ein Grenadierbataillon.

Nun wechselte Melas zur Reiterei hinüber, machte in einem Karabinieriregiment den Bayerischen Erbfolgekrieg mit; anschließend, schon Oberst eines Kürassierregiments, wurde er mit der Pferdezucht in Böhmen betraut; Melas schuf damit die Grundlagen für das Militärremontierungswesen. Ein unruhiges Leben zwischen seiner siebenbürgischen Heimat und dem Wien Kaiser Josefs II. kennzeichneten diese Jahre. 1788 zog er an der Spitze eines Chevaulegerregiments zum dritten Male ins Feld, und zwar in den letzten Türkenkrieg.

In den Revolutionskriegen gegen Frankreich kämpfte Melas in den Niederlanden, Mainz, Pfalz und Mantua.

1799, inzwischen zum General der Kavallerie aufgestiegen, übernahm er das Kommando über die österreichische Armee in Oberitalien und errang, indem er bis an die französische Grenze vordrang, so glänzende Erfolge, daß er mit dem Kommandeurkreuz des Maria-Theresien-Ordens ausgezeichnet wurde.

Im Frühjahr 1800 fielen die Franzosen wieder in Italien ein, jetzt unter dem von seinem ägyptischen Abenteuer zurückgekehrten und zum Ersten Konsul erhobenen Napoleon Bonaparte. Am 14. Juni 1800 kam es zwischen Napoleon und Melas zur entscheidenden Schlacht bei Marengo. Nach anfänglichem Sieg über Napoleon wurde Melas verwundet und am Abend unerwartet geschlagen. Melas schlug Waffenstillstand vor, auf den der Franzose gern einging. Napoleon schenkte aus besonderer Hochachtung vor der Tapferkeit der Österreicher ihrem Armeekommandanten einen kostbaren Säbel als Ehrengeschenk mit einem Begleitschreiben, das in deutcher Übersetzung lautet: „Ich bitte Sie, mein General, mir zu erlauben, Ihnen einen Säbel anzubieten, welchen ich in Ägypten von den Barbaren erbeutete, und denselben als einen Beweis der ganz besonderen Achtung anzunehmen, welche mir der von Ihrer Armee auf dem Schlachtfelde von Marengo bewiesene Mut eingeflößt hat."

Melas, damals 71jährig, mußte von seinem Posten scheiden. Er hatte zunächst das Generalkommando in Graz und bald darauf jenes in Prag zu übernehmen. Anfang 1803 wurde er in den Ruhestand versetzt. Sein sehnlichster Wunsch, wieder in die geliebte Heimat zurückzukehren, mußte auf Grund seines hohen Alters und seines Gesundheitszustandes unerfüllt bleiben. Er blieb in Elbe-Teinitz, wo seine Gattin ein Haus erworben hatte, und starb dort am 31. Mai 1806. Seine Gruft trägt heute eine Gedenktafel mit tschechischer Inschrift.

LITERATUR:

Trausch, Joseph: Schriftsteller-Lexikon der Siebenbürger Deutschen. Bd. II, Kronstadt 1870, S. 416—417.

Kiszling, Rudolf: Berühmte Generale der Siebenbürger Sachsen. In: Südostdeutsche Vierteljahresblätter, 11. Jg., München 1962, Folge 4, S. 228—235.

Schuller, Hans: General Melas-Gedenktafel vor 70 Jahren. In: Siebenbürgische Zeitung vom 31. 3. 1973.

Ferner: ADB, 21, 280—283; W, 17, 322—328.

WALTER MIESS

Geboren 22. September 1920 in Kronstadt (Brașov)

Walter Mieß (Myss) wurde 1920 als Sohn eines Lederfabrikanten in der „Stadt im Osten" geboren, wo er auch das Honterus-Gymnasium besuchte. Von 1942 an stand er im Feld, unter anderem als Kriegsberichter. Nach dem Kriegsende studierte er in Innsbruck Philosophie, Kunst- und Musikwissenschaften. Als Werkstudent war er Orchestermusiker und Fremdenführer in Italien und Österreich. Das Thema seiner philosophischen Dissertation — „Die Wertgläubigkeit des schöpferischen Menschen" (1948) — begleitete ihn in immer neuen Variationen bei seinen musischen und wissenschaftlichen Arbeiten. Eine wertphilosophisch orientierte Kunstbetrachtung ist ihm eigen.
Anschließend an sein Studium wurde er Dozent am „Institut Francais" (Innsbruck) und für mehrere Semester Leiter eines kunstphilosophischen Arbeitskreises an der Universität Innsbruck. In diesem Rahmen entstanden Arbeiten wie: „Quo

vadis musica?", „Der französische Impressionismus" sowie „Leit- und Leidsätze". Es folgten mehrere wissenschaftliche Abhandlungen und satirische Gedichte in verschiedenen Zeitungen und Zeitschriften. Mehrere Studien- und Lehrjahre verbrachte Mieß in London und Paris. In diese Zeit fällt auch die Heirat mit der Schriftstellerin Eva Lubinger.

Seit 1959 ist Mieß Kunstkritiker, auch übersetzte er Giraudoux' „La guerre de Trois n'aura pas lieu". Neben seinem Beruf als Continental Manager ringt er sich die Zeit für seine schriftstellerische Tätigkeit ab. Musikalität, Sprachgefühl und ein ausgeprägter Sinn für die gute Form kennzeichnet seine Dichtungen. In seinen vielen kultur- und geistesgeschichtlichen Arbeiten, die besonders das Mittelalter betreffen, geht es ihm immer wieder um den Bezug zur Zeit, zur Landschaft, zum Menschen. Nicht nur um das Wissenschaftliche allein, sondern um die Wirkung der dargestellten Kunstdenkmäler und geistesgeschichtlichen Epochen auf den Menschen unserer Gegenwart mühen sich seine Arbeiten.

1960 erschien seine erste Buchveröffentlichung, der Gedichtband „Doch Liebe wiegt mehr", für den er den Literaturpreis der Stadt Innsbruck erhielt. Daneben entstanden Essays, Erzählungen, Hörspiele, die zum Teil auch außerhalb Österreichs gesendet wurden. 1969 wurde Walter Mieß mit dem Georg-Dehio-Preis ausgezeichnet. Sein bisher größter Erfolg wurde sein Buch „Kaiser, Künstler, Kathedralen", ein Streifzug durch die abendländische Kunst von der Völkerwanderung bis zur Renaissance.

1972 rief der dynamische und unternehmungsfreudige Wahlinnsbrucker einen neuen Verlag ins Leben: Wort und Welt Verlag Innsbruck. Wenige Jahre darauf wurde dem Verlag ein Buchversand Südost angeschlossen. Auf Grund seiner schriftstellerischen und geisteswissenschaftlichen Arbeiten wurde Mieß vom Bundespräsidenten der Professor-Titel verliehen.

WERKE:

Doch Liebe wiegt mehr. Gedichte. München 1960.
St. Paulus auf der Schaukel. 1963.
Bildwelt als Weltbild, die romanische Kirchendecke zu Zillis. Beuron 1965.
Die vorgotischen Fresken Tirols. Wien 1966.
Geburt des Menschenbildes. Beuron 1971.
Fazit nach achthundert Jahren. Geistesleben der Siebenbürger Sachsen im Spiegel der Zeitschrift „Klingsor" (1924—1939). Studien zur Kultur- und Geistesgeschichte der ältesten inseldeutschen Volksgruppe (= Veröffentlichungen des Südostdeutschen Kulturwerkes, Reihe B [Wissenschaftliche Arbeiten], begr. von F. Valjavec, Bd. 22). München 1968.
Kaiser — Künstler — Kathedralen. Roman der abendländischen Kunst von der Völkerwanderung bis zur Renaissance. Innsbruck o. J. (1972).
Kein Tschiripik ist unschuldig (= HiT, Bd. 2). Innsbruck 1973.

LITERATUR:

W. W.: Der Weg aus der provinziellen Enge. Siebenbürgisch-sächsische Dichter fanden Gehör im ganzen deutschsprachigen Raum. In: Siebenbürgische Zeitung vom 15. 3. 1962, S. 5 f.

LULA MYSZ-GMEINER

Geboren 16. August 1876 in Kronstadt (Braşov)
Gestorben 7. August 1948 in Schwerin

In ihren Lebenserinnerungen „Fäden“ erzählt die am 16. August 1876 in Kronstadt (Braşov) geborene und später weitum gefeierte Konzertsängerin Lula Mysz-Gmeiner dankbar, daß schon ihre unbeschwerte Kindheit mit „Singen und Sagen“ erfüllt gewesen sei. Sie stammte aus einer musikliebenden Familie, in der besonders der Gesang eine traditionelle Pflege fand. Die Eltern förderten das früh sich zeigende Talent: mit sechs Jahren erhielt Lula Violinunterricht und erntete als junge Geigerin, am ersten Pult des Dilettanten-Orchesters ihrer Heimatstadt sitzend, die ersten künstlerischen Lorbeeren. Bald erregte sie durch ihre schöne Kinderstimme Aufmerksamkeit. Schon mit zwölf Jahren sang sie mit ihrer Schwester begeistert Schubertlieder, erhielt aber erst vom 14. Lebensjahr an bei dem das Musikleben Kronstadts beherrschenden Musikdirektor Rudolf Lassel Gesangunterricht. Lula Mysz-Gmeiner strahlte Liebenswürdigkeit aus; Schelmerei und ernstes Kunstwollen verbanden sich bei ihr harmonisch mit Anmut und Leichtigkeit. So wie sie wurden auch ihre Geschwister Musiker: Rudolf Gmeiner (geboren 1880 in Kronstadt, gestorben 1937 in Stuttgart) wurde ebenso wie die Schwester Ella (geboren 1878 in Kronstadt, gestorben 1955 in Stuttgart) Konzertsänger(in); das vierte der Geschwister, Luise (geboren 1885 in Kronstadt, gestorben 1951 in Berlin), hat als Pianistin Beachtung gefunden.

Mit 18 Jahren kam Lula Gmeiner nach Wien und wurde Schülerin von Gustav Walter; durch ihn fand sie den ersten Zugang zu Robert Schumann, hatte doch Walter häufig mit Robert und Clara Schumann musiziert. Auch ihr letzter Lehrmeister in London, der ihr nach 1911 erst den Weg zum größten Erfolg ebnete, Raimund von zur Muehlen, führte sie in verstärktem Maße Schumannscher Kunst zu, da er seinen Schülern die auf jahrelangem Studium mit Clara aufgebaute Tradition des Schumannschen Liederstils weitergab und mit ihnen pflegte. Die Wiener Jahre waren von größtem Einfluß auf die Künstlerin. Hier lernte sie Johannes Brahms kennen, mit dem und vor dem sie häufig musizierte. Auf Brahms Rat hin verließ sie auch vorübergehend das „genußfreudige Wien" und begab sich zu „ernstem Studium" nach Berlin. Ihre Lehrer hier waren allesamt Koryphäen des Schubertgesanges: Emilie Herzog, Etelka Gerster und Lilli Lehmann.

Noch zu Lebzeiten Hugo Wolfs, dessen begeisterte Interpretin sie wurde, suchte und fand Mysz-Gmeiner engen Anschluß an seinen Freundeskreis. Viele anregende Stunden verlebte sie auch mit Max Reger. Seine Dankbarkeit für ihr Eintreten seiner Liedperlen drückte sich aus in einem regen Briefwechsel und Widmungen vieler seiner Lieder, die Lula Mysz-Gmeiner aus der Taufe hob. Häufig war sie auch Musikpartnerin von Richard Strauß. Somit hatte Mysz-Gmeiner an allen damaligen Größen der Welt- und Musikstadt persönlichen Anteil, die sie ständig anregten und ihr Künstlertum förderten.

Das Stuttgarter Musikfest 1898 brachte ihr den ersten großen Welterfolg. Schon 1906 (30jährig!) wurde sie von Kaiser Franz Joseph I. zur k. u. k. Kammersängerin ernannt. Mysz-Gmeiner sang in vielen Kunstmetropolen Deutschlands und unternahm auch ausgedehnte Konzertreisen ins Ausland: Holland, Belgien, Frankreich, England, Rußland, in die baltischen Provinzen, Italien, Spanien, Rumänien. Mit dem „deutschen Lied" schlechthin eroberte sie sich wahre Begeisterungsstürme. Den Erfolg verdankte sie ihrer umfangreichen, prächtigen Mezzosopranstimme, die sie durch ihre musikalischen und geistigen Fähigkeiten und durch ihr zündendes künstlerisches Temperament wirksam einzusetzen wußte. Die Begeisterung für ihre Kunst, vielleicht auch für die äußere Schönheit der Frau, zeigte sich nicht selten darin, daß die Studenten die Pferde ihres Wagens ausspannten und die Gefeierte bis zu ihrer Wohnung zogen. Während ihrer großen USA-Reise 1926 nannte sie die amerikanische Presse: „the mistreß of Liedersingers". Die seit 1900 mit ihrem Vetter, dem österreichischen Marineoffizier Dr. ing. Ernst Mysz, in glücklicher Ehe verheiratete Künstlerin ging 1920 nach Berlin und wurde ordentliche Professorin der Staatlichen Hochschule für Musik in Berlin-Charlottenburg. Hier war sie unter anderem Lehrerin des Tenors Peter Anders, der ihre Tochter heiratete.

1943 zerstörten Bomben ihre gesamte Habe sowie die Musikhochschule. Eine neue Stelle fand sie in Schwerin/Mecklenburg, wo sie am 7. August 1948 starb.

LITERATUR:

Mysz-Gmeiner, Lula: Fäden. In: Aus sechs Jahrzehnten. Hundert Aufsätze aus den sechzig ersten Jahrgängen des Siebenbürgisch-Deutschen Tagblattes. Hrsg. vom Ausschuß der Siebenbürgisch-Deutschen Verlags-Aktiengesellschaft, Hermannstadt 1935, S. 341—345; vom 5. September 1926, Nr. 15955.

Wittstock, Oskar d. Ä. (Hrsg.): Im Kampf um Brot und Geist. Darstellungen aus Leben und Entwicklung der deutschen Frau Siebenbürgens. Hermannstadt 1927, S. 204—209.

Hajek, Egon: Lula Mysz-Gmeiner. In: Österreichische Begegnung, Wien 1960, H. 2, S. 56—58.

Riemann Musik-Lexikon. Hrsg. von Willibald Gurlitt. 12. Auflage, Bd. II, Personalteil L—Z, Mainz 1961, S. 291.

Fischer-Dieskau, Dietrich: Auf den Spuren der Schubert-Lieder. Werden, Wesen, Wirkung. Wiesbaden 1971, S. 346.

GUSTAV ONGYERTH

Geboren 1. März 1897 in Hermannstadt (Sibiu)
Gestorben 12. November 1969 in Innsbruck

‚Gust' Ongyerth, dessen Name mit der Theatergeschichte des deutschen Ostens unlösbar verbunden und dessen kulturelles Wirken während eines runden Vierteljahrhunderts nach dem Zweiten Weltkrieg in seiner neuen Heimat Tirol unvergessen bleibt, wurde am 1. März 1897 in Hermannstadt (Sibiu) geboren. Die Volksschule besuchte er in seiner Heimatstadt, die Gymnasiastenzeit verbrachte er ebendort wie auch in Kronstadt (Braşov) und Mediasch (Mediaş), wo er auch maturierte. Als Einjährig-Freiwilliger zog er in den Ersten Weltkrieg und leistete seinen Kriegsdienst beim 4. Regiment der Tiroler Kaiserjäger (1915 bis 1918); zuletzt war er Leutnant im Rumänischen Heer (mehrere Kriegsauszeichnungen). In Klausenburg (Cluj) und Wien studierte er Welthandel, Musikgeschichte und Theaterwissenschaft.

1924 war Ongyerth an der Seite Heinrich Zillichs Mitbegründer des Klingsor-Verlages in Kronstadt, der zur Hebung des Kulturniveaus in Siebenbürgen ungeheuer beitrug, Anregung gab und weit über den heimatlichen Rahmen ausstrahlte. Erstaunlich war die Entschiedenheit, mit der der sechsundzwanzigjährige Prokurist Amt und finanzielle Sicherheit aufgab, als Leiter dieses Verlages und des ihm angeschlossenen Kunstsalons sowie Theater- und Konzertbüros sein rastloses Wirken in den Dienst von Kunst und Kultur stellte und mit einer unübersehbaren Fülle von Kunstveranstaltungen wahre Pioniertaten leistete. 1924 war auch das Jahr seiner Heirat mit Marianne von Greißing, die ihm drei Söhne schenkte.
Als im Jahre 1932 die rumänische Regierung alle Gastspiele ausländischer Schauspieler und Sänger in Rumänien verbot, gründete Ongyerth das Deutsche Landestheater in Hermannstadt; 1933 fand die Eröffnungsvorstellung statt. Nur seinem Gründermut, seinem persönlichen Engagement, seiner Theaterleidenschaft und nicht zuletzt seinem wirtschaftlichen Talent verdankte das Theater die großen Erfolge in den elf nachfolgenden Jahren, in denen ihm Ongyerth als Intendant vorstand. Mit seiner Truppe von 80 Personen meisterte er Schauspiel, Oper und Operette, besuchte er alle deutschen Siedlungsgebiete Rumäniens und unternahm auch Gastspielreisen bis nach Südslawien und Deutschland. Das Landestheater, das sich sowohl in der Vielfältigkeit seiner Darbietungen als auch in der Auswahl der Stücke (unter anderem auch Uraufführungen) hervortat, entwickelte sich zum bedeutendsten Ensemble des auslanddeutschen Ostens. Während des Einmarsches der Russen in Rumänien im August 1944 befand sich Ongyerth mit seiner Frau außer Landes und konnte nicht mehr heimkehren. Krieg und Nachkriegszeit zerschlugen sein hoffnungsvolles Werk. Vorübergehend suchte er in Wien beim Rundfunk neuen Boden unter die Füße zu bekommen und arbeitete zusammen mit seinem Landsmann F. K. Franchy (siehe dort!) als Dramaturg; zeitweise wirkte er als Graphologe. Endlich erschloß sich ihm sein dritter Wirkungsbereich: Er wurde Geschäftsführer, Regisseur und Dramaturg der berühmten und beliebten Exl-Bühne, dem wohl reifsten Volkstheaterensemble, das Österreich je hervorgebracht hatte. Ihm verdankt die Gruppe auch den Zyklus „Das Volksstück der Nationen". Ongyerth wählte aus, inszenierte und betreute die weitläufigen Tourneen (Innsbruck, Wien, West- und Ostdeutschland, Schweiz und Südtirol) dieser Bühne bis zu Ilse Exls Tod 1956.
Beim Landestheater Innsbruck wurde er anschließend Gastspieldirektor und Leiter des Veranstaltungsbüros des Verkehrsvereines Innsbruck. Mit vielen, neuen Ideen führte er Konzertserien durch („Meisterkonzerte", „Musik und Tanz der Nationen", „Musik alter Meister") und organisierte Tourneen (eine sogar bis Moskau).
Ab 1956 war er der gute Geist und Berater der „Engel-Familie" aus Reutte; während der Olympischen Winterspiele 1964 in Innsbruck unterstand ihm das Unterhaltungsprogramm; dankbar wurde ihm Plakette und Verdienstmedaille der Olympischen Winterspiele verliehen. Als selbständiger Gastspieldirektor führte er die Konzertreihen „Innsbrucker Sonderkonzerte" und „Zu Gast in Innsbruck" ein. 1966 bestellte ihn das Tiroler Landestheater zum Leiter seines Werbereferates. Das Land Tirol ehrte ihn mit der Verdienstmedaille für sein kulturelles Wirken.

Ongyerth war nicht nur ein Kunstkenner mit profunder, weitreichender Kenntnis, mit einem untrüglichen Gespür für das Theater, auch Charme und Liebenswürdigkeit zeichneten die Grundzüge seines Wesens aus, warum sich auch viele gerne bei ihm Rat holten.
72jährig verstarb er am 12. November 1969 in der „Stadt im Gebirge".

WERKE:

Bearbeitungen von Bühnenwerken; Funkbearbeitungen und Hörspiele; ungezählte Bühnenblätter, zwei große Festschriften, ein graphologisches Lehrbuch.
Ongyerth, Gust: Von Zeit zu Zeit. In: Südostdeutsche Heimatblätter, 6. Jg., München 1957, S. 27 bis 33.

LITERATUR:

Zillich, Heinrich: Glückwunsch an Gust Ongyerth. In: Südostdeutsche Heimatblätter, 6. Jg., München 1957, S. 26—27.
o. A. (hö): Gustav Ongyerth ein Siebziger. In: Tiroler Nachrichten vom 28. 2. 1967.
Myss, Walter: In memoriam Gustav Ongyerth. In: Siebenbürgische Zeitung vom 30. 11. 1969.
Zillich, Heinrich: Gust Ongyerth. Der bedeutendste südostdeutsche Theaterdirektor. In: Südostdeutsche Vierteljahresblätter, 19. Jg., München 1970, Folge 1, S. 23—24.

LEOPOLD PFAFF

Geboren 12. November 1837 in Hermannstadt (Sibiu)
Sterbedatum unbekannt

Leopold Pfaff stammte aus einer Familie, in der sich das Blut vieler deutscher Stämme mischte. Er wurde am 12. November 1837 als zweites Kind von zahlreichen Geschwistern in Hermannstadt (Sibiu) geboren. Sein Vater war Finanzbeamter, später Zahlmeister der Landeshauptkasse in Hermannstadt. Den ersten Unterricht erhielt Leopold zu Hause, das Gymnasium besuchte er in seiner Vaterstadt. Ab 1854 studierte Pfaff die Rechte in Wien, wo seine Lehrer Arndts, Glaser, von Stein und besonders Unger, durch den sein Interesse an österreichischem Privatrecht geweckt wurde, größten Einfluß auf ihn ausübten.

1860 promovierte Pfaff „sub auspiciis" bei Anwesenheit des Kaisers zum Doktor der Rechte und reichte bald darauf seine Habilitationsarbeit ein: „Zur Lehre von der condictio indebiti nach österreichischem Recht", von der ein kleiner, umgearbeiteter Teil 1868 in der Wiener „Gerichtszeitung" erschien.

1861 übernahm Pfaff als Adjunkt und Supplent die Lehrkanzel für Römisches Recht und Lehenrecht an der damals blühenden Rechtsakademie von Hermannstadt, wo er auch deutsche Rechtsgeschichte und Rechtsphilosophie vortrug.

1862 wurde er zum ordentlichen Professor ernannt, ein Jahr darauf heiratete er Antonia Falkbeer, die ihm zwei Kinder schenkte.

Eine kleine, 1868 veröffentlichte Schrift über das Geld als Mittel pfandrechtlicher Sicherstellung trug ihm die Berufung an die Universität Innsbruck als Professor des Römischen und Österreichischen Privatrechtes ein. Die Ahnung, daß die Tage der Hermannstädter Rechtsakademie gezählt seien, wenigstens als einer deutschen Anstalt, erleichterten ihm etwas den Abschied. Die Innsbrucker Jahre waren für Pfaff, der sich hier in seiner lehramtlichen Tätigkeit besonders mit dem österreichischen Recht beschäftigte, eine ungemein reiche und anregende Zeit. Als 1872 der Ruf nach Wien an ihn erging, verließ er seine ihm lieb gewordene Stellung nur schweren Herzens. In Wien entfaltete er eine reiche literarische Tätigkeit, war viele Jahre eifriger Mitarbeiter einschlägiger Zeitschriften (unter anderem der „Juristischen Blätter", der „Zeitschrift für das Privat- und öffentliche Recht der Gegenwart") und Mitarbeiter von Holzendorffs „Rechtslexikon". Nach mühsam gesammelten Unterlagen im Archiv des Justizministeriums gab Pfaff, anfangs gemeinsam mit seinem zu früh verstorbenen Freund und Kollegen Prof. Franz Hofmann, eine umfassende Bearbeitung des Bürgerlichen Gesetzbuches heraus, die immer wieder durch andere wissenschaftliche Abhandlungen unterbrochen wurden. Mit Hofmann zusammen besorgte Pfaff auch fünf aufeinanderfolgende Auflagen der Pandekten ihres gemeinsamen Lehrers Arndts. Nach dem Tode seines Freundes Krainz (Prag) redigierte Pfaff dessen „System des österreichischen Privatrechts" und gab zwei Auflagen davon heraus.

Einige Entdeckungen von interessanten Urkunden veranlaßten Pfaff zu einer Reihe von Arbeiten zur Entstehungsgeschichte des Allgemeinen Bürgerlichen Gesetzbuches. Er ist auch der Verfasser des Fakultätengutachtens in der Brukenthalschen Fideikommißangelegenheit (1878).

1896 wurde Pfaff zum Mitglied des Reichsgerichtes ernannt und 1897 zum lebenslänglichen Mitglied des österreichischen Herrenhauses.

WERKE:

Geld als Mittel pfandrechtlicher Sicherstellung, insbesondere das pignus irregulare. Ein Beitrag zur Lehre von Inhalt und Ausübung des Pfandrechts. Wien 1868.
Zur Lehre von Schadenersatz und Genugthuung nach österreichischem Recht. Wien 1880.
Rede auf Franz v. Zeiller. Wien 1891.
Krainz System des österreichischen allgemeinen Privatrechtes. 2 Bände, Wien 1885, 1889.
Rezensionen und Beiträge in: Österreichische Gerichtszeitung, Münchner kritische Vierteljahrschrift, Grünhuts Zeitschrift, Jenaer Literaturzeitung, Juristische Blätter, Zeitschrift für Notariat und freiwillige Gerichtsbarkeit in Österreich u. a. m.
Veröffentlichungen in Zusammenarbeit mit Franz Hofmann, Unger und von Walther, von Walther und von Schey, von Schey und Krusky.

LITERATUR:

Schuller, Friedrich: Schriftsteller-Lexikon der Siebenbürger Deutschen. Bd. IV, Hermannstadt 1902, S. 335—339.

ARTUR PHLEPS

Geboren 29. November 1881 in Birthälm (Biertan)
Gestorben vermutlich 21. September 1944 nördlich von Arad

Der am 29. November 1881 in Birthälm (Biertan) geborene Artur Phleps war der dritte Sohn eines Arztes und einer Bauerntochter. Nach der Realschule in Hermannstadt (Sibiu) und der k. u. k. Infanteriekadettenschule in Preßburg diente Phleps bei den Kaiserjägern in Wien und den Feldjägern in Güns und absolvierte 1908 die Kriegsschule, wonach seine Generalstabslaufbahn bei verschiedenen höheren Kommandos in Esseg, Graz, Sarajevo und Budapest begann. Der Dienst in den verschiedensten Garnisonen der Monarchie weitete den Blick des jungen Offiziers zwangsläufig noch mehr über das Eigen-Nationale hinaus, als die Erfahrung aus der Vielvölker-Provinz Siebenbürgen es seit Generationen in ihm schon vorgezeichnet haben mochte.
Den Ersten Weltkrieg machte Phleps, in steigendem Maße an Entscheidungen be-

teiligt, als Generalstabs-Hauptmann in Galizien, Serbien, Russisch-Polen, in den Nordkarpaten, später in Kärnten, Italien und Tirol mit. Nach der Kriegserklärung Rumäniens an die Mittelmächte 1916 meldete sich Major Phleps, wie viele andere siebenbürgische Offiziere auch, zur 1. k. u. k. Armee unter General der Infanterie Arthur Arz von Straußenburg (siehe dort!) und wurde Stabschef der neuaufgestellten 72. Division, die den Feind aus Nordsiebenbürgen vertrieb und den Békás-Paß sicherte. 1917 zeichnete er sich als Generalstabschef der 48. Division in der Offensive gegen Italien vor allem auch im Nachschubwesen so aus, daß er 1918 zum Leiter der materiellen Versorgung der Heeresgruppe Tirol ernannt wurde. Nach dem Zusammenbruch der Mittelmächte 1918 ins rumänische Heer übernommen, kämpfte er 1919 als Divisions-Stabschef gegen Béla Kun. Infolge seiner Tüchtigkeit stieg er rasch zum Obersten auf und wurde Professor an der Kriegsschule in Bukarest (București), schließlich kommandierender General der rumänischen Gebirgstruppe; sie wurde in seiner Hand zur Elite des Heeres. Als aufrechter deutscher Mann verleideten ihm Intrigen der Rumänen den Dienst derart, daß er sich im August 1940 in den Ruhestand versetzen ließ und nach Kronstadt (Brașov) ging. Als 1941 deutsche Truppen nach Siebenbürgen kamen, trat Phleps, schon 60 Jahre alt, bei der Waffen-SS ein. Im Krieg gegen Rußland legte er solche Führerbegabungen an den Tag, daß er Anfang 1942 von Berlin den Auftrag erhielt, aus den Schwaben des Banats und Slavoniens eine Gebirgsdivision zu bilden. In kürzester Zeit gelang es ihm, aus Südostdeutschen die 7. SS-Freiwilligen-Gebirgsdivision „Prinz Eugen" einsatzbereit zu stellen. Organisatorische Glanzleistungen wurden ihm bescheinigt, die keiner, selbst die deutschen Experten, für möglich gehalten hatte. Phleps erwarb sich gegen die Partisanen Titos solche Verdienste, daß er 1943 das Ritterkreuz des Eisernen Kreuzes erhielt und im Juli zum Obergruppenführer und bald darauf zum kommandierenden General des V. SS-Gebirgskorps ernannt wurde. Nach der Kapitulation Italiens 1943 gelang es ihm, die italienischen Truppen in Dalmatien schlagartig zu entwaffnen und den Küstenschutz in Süddalmatien und Nordalbanien zu sichern.

Seine Truppe nannte den hageren, vertrauenserweckenden und respektgebietenden Mann mit der ungewöhnlich großen Menschenkenntnis und dem trockenen Humor liebevoll „Papa Phleps", der höchstes militärisches Können und Ansehen verkörperte.

Als im August 1944 der Frontwechsel Rumäniens erfolgte, wurde Phleps zum Bevollmächtigten General für Südsiebenbürgen und das Banat ernannt. Als dann die Russen über Orsova eingedrungen waren, trieb den „General ohne Armee" die Verzögerung der Truppenzustellung an den Rand der Verzweiflung. Trotzdem nützte er jede Chance und zog mit einer Handvoll Leuten den Vormarsch der Gegner hinaus. Die Achtung vor dem Mann und seiner Leistung war selbst bei den Rumänen ungemein groß.

Bei einer Erkundungsfahrt nach Arad, die er unternahm, um sich seiner Gewohnheit gemäß persönlich von der Lage zu unterrichten, kam General Phleps auf bisher nicht vollkommen geklärte Weise vermutlich am 21. September 1944 ums Leben. Sein Grab blieb bis heute unbekannt.

W E R K E :

Taktik und Etappenwesen (Servicii şi etape. Principiile fundamentale de organizare şi funcţionare. Hermannstadt 1926).

L I T E R A T U R :

Kiszling, Rudolf: Berühmte Generale der Siebenbürger Sachsen. In: Südostdeutsche Vierteljahresblätter, 11. Jg., München 1962, Folge 4, S. 228—235.
Herberth, Franz: Neues um Rumäniens Frontwechsel am 23. August 1944 (= Schriftenreihe der Arbeitsgemeinschaft für südostdeutsche Volks- und Heimatforschung, H. 1). München 1971.
Markus, Gustav: Die deutsche Volksgruppenführung in Rumänien am 23. August 1944. In: Südostdeutsche Vierteljahresblätter, 20. Jg., München 1971, Folge 2, S. 94—100.
Bergel, Hans: In memoriam Artur Phleps. Porträt eines siebenbürgischen Generals. In: Siebenbürgische Zeitung vom 30. 11. 1971, S. 1 und 5.
Bergel, Hans: Würfelspiele des Lebens. Vier Porträts bedeutender Siebenbürger. München o. J. (1972).
Erwähnt in: Das Schicksal der Deutschen in Rumänien (= Dokumentation der Vertreibung der Deutschen aus Ost-Mitteleuropa, Bd. III. Hrsg. vom Bundesministerium für Vertriebene, Flüchtlinge und Kriegsgeschädigte). O. O., o. J. (Berlin 1957), S. 57 E, Anm. 90.

GUSTAV ADOLF RAUPENSTRAUCH

Geboren 21. Juni 1859 in Bistritz (Bistriţa)
Gestorben 21. April 1943 in Wien

Raupenstrauch wurde am 21. Juni 1859 in Bistritz (Bistriţa) als Sohn des dortigen Predigers und späteren Pfarrers in Dürrbach (Dipşa) Gottfried Raupenstrauch geboren. Er besuchte das Gymnasium in seiner Vaterstadt, mußte jedoch wegen finanzieller Schwierigkeiten nach der vierten Klasse in der Stadtapotheke praktizieren. Nach fünfjähriger Tätigkeit kehrte er wieder an das Gymnasium zurück und maturierte 1881. Anschließend ging Raupenstrauch nach Wien und studierte bis 1886 Pharmazie und Naturwissenschaften, wobei ihn besonders Chemie interessierte und er auch von seinem Lehrer, Prof. Lieben, große Förderung erfuhr.

Nach seinem Doktorat 1886 zog Raupenstrauch nach Deutschland und wurde zunächst Assistent, später Abteilungsvorstand am chemischen Untersuchungsamt in Wiesbaden. Hier beschäftigte er sich mit mannigfachen Arbeiten auf dem Gebiete der Nahrungsmittel, der pharmazeutischen Präparate und Gebrauchsgegenstände wie der hygienisch-chemischen Fragestellungen. Seine Forschungsergebnisse über die zur Bekämpfung der Infektionskrankheiten angewandten Desinfektionsmittel waren von besonders großem Wert; Raupenstrauch gelang es nämlich, ein neues Präparat, das er nach dessen leichter Löslichkeit „Lysol" nannte, herzustellen, das bald die giftigere Karbolsäure, dessen antibakterielle Wirksamkeit sein Mittel um das Dreifache überstieg, in der Medizin der ganzen Welt verdrängte; namentlich in der Chirurgie und in der Geburtshilfe.

Im Jahre 1890 ging Raupenstrauch nach Hamburg, wo er die berühmte Lysolfabrik gründete und deren Leitung übernahm. Vorübergehend war er dann in Schweden, Belgien und Frankreich tätig, um dort ähnliche Unternehmungen einzurichten.

1892 übernahm er die Führung der Hamburger Tochterfabrik in Wien. Hier gelang ihm auch, eine ganze Reihe von Spezialdesinfektionsmitteln, Kosmetika, desodorierenden Wirkstoffen, Schädlingsbekämpfungsmitteln und Schmierölen herzustellen.

Während des Zweiten Weltkrieges verstarb Raupenstrauch am 21. April 1943 in seiner Wahlheimat Wien.

WERKE:

Über die Bestimmung der Löslichkeit einiger Salze in Wasser bei verschiedenen Temperaturen (= Sitzungsbericht der kais. Akademie der Wissenschaften in Wien 1885, Bd. 92, II. Abteilung).
Über Kondensation des Normalbutyraldehyds (= Sitzungsbericht der kais. Akademie der Wissenschaften in Wien 1887, Bd. 95, II. Abteilung).
Über die Löslichkeit des Gypses (= Pharmaceut. Zentralhalle Dresden 1888, Bd. 29).
Über die Reaktionen einiger Phenole und analoger Körper. In: Pharmaceut. Zeitung, Berlin 1888, Bd. 33.
Über rohe Karbolsäure. In: Pharmaceut. Zeitung, Berlin 1889, Bd. 34.
Das Lysol, seine Darstellung, Eigenschaften und Prüfung. In: Archiv der Pharmazie, Berlin 1891, Bd. 29.

LITERATUR:

Mitteilungen der österreichischen Sanitätsverwaltung, 60. Jg., H. 10, S. 195.
Schuller, Friedrich: Schriftsteller-Lexikon der Siebenbürger Deutschen. Bd. IV, Hermannstadt 1902, S. 346—348.

GEORG VON REICHERSTORFFER

Geboren zu Hermannstadt (Sibiu)
Gestorben nach 1550

Vermutlich stammt das Reicherstorffersche Geschlecht aus Reichesdorf (Richiş) bei Mediasch (Mediaş).
Georg von Reicherstorffer, der sich selbst einen päpstlichen und kaiserlichen Notarius nennt, war eine markante Persönlichkeit des 16. Jahrhunderts und somit Zeitgenosse Honterus' (siehe dort!). Genaue Lebensdaten sind nicht bekannt.
Man weiß nur, daß der geborene Hermannstädter von 1522 bis 1525 Stadtschreiber in seiner Vaterstadt war. Hierauf wurde er 1525 Sekretär bei der Königin Maria von Ungarn; nach dem Tod König Ludwigs II. trat Reicherstorffer in königliche Dienste bei Ferdinand I. ein (unter dessen Regierungszeit es zur glücklich verlaufenen ersten Belagerung der Türken 1529 Wiens kam). Reicherstorffer arbeitete sich bei Hofe so gut ein, daß er 1527 königlicher Sekretär und Rat, endlich sogar Thesaurarius in Siebenbürgen wurde. König Ferdinand bediente sich Reicherstorffer in wichtigen Gesandtschaften nach Siebenbürgen und der Moldau. 1528 bereiste er mit einigen Landsleuten Siebenbürgen, um die Partei des Gegenkönigs Johann von Zapolya zu schwächen und die Sachsen in der Treue zu König Ferdinand zu festigen. Diese Reisen gaben Reicherstorffer nicht nur Gelegenheit, beide Länder genauer kennen zu lernen, sondern auch sie durch detaillierte Beschreibungen (Chorographien) weiten Kreisen bekannt zu machen. Ebenso wie Reicherstorffer in der Gunst König Ferdinands stand, so erfreute er sich auch der Gnade Kaiser Karl V., der ihm und seinem Bruder Nicasius Reicherstorffer 1532 den Adelsbrief erteilte. In den dreißiger und vierziger Jahren lebte Reicherstorffer in Olmütz und Ofen. 1550 dürfte er noch in Wien gelebt haben.
Wann und wo Georg von Reicherstorffer gestorben ist, weiß man nicht. Der handschriftliche Nachlaß Reicherstorffers kam auf ungewissen Wegen in die Klosterbibliothek zu Ettal in Oberbayern, von wo er nach München gelangte.

WERKE:

Moldaviae, quae olim Daciae pars, Chorographia Georgio a Reicherstorf Transylvano-autore. Exusum Viennae Pannoniae per Joannem Singrenium MDXLI 4.

Chorographia Transyvaniee, quae Dacia olim appellata, aliarumque provinciarum et regionum succincta Descriptio et explicatio. Georgio a Reycherstorff Transylvano autore. Cum gratia et privilegio Rom. Regiae Majestatis ad quinquennium. Viennae Austriae excudebat Egidius Aquila in Curia divae Annae. Anno MDL. 4.

Acta Legationis Georgii Reicherstorffer Transylvani Secretarii et Oratoris Regii etc. in Diarium congesta sub anno salutis 1527.

Liber Georgii Reicherstorffer Transylvani Serenissimi et Illustrissimi Pricipi dmni. Ferdinandi Hungariae et Bohemiae etc. Regis Secretarii sub anno domini DXXX. foeliciter conscriptus.

LITERATUR:

Schuller, J. Karl: Georg Reicherstorffer und seine Zeit. In: Archiv für Kunde österreichischer Geschichtsquellen, Wien 1859, Bd. XXI, S. 225—291.

Trausch, Joseph: Schriftsteller-Lexikon der Siebenbürger Deutschen. Bd. III, Kronstadt 1875, S. 86—102.

Teutsch, Friedrich: Drei sächsische Geographen des sechzehnten Jahrhunderts. In: Archiv für Landeskunde. NF, XV, 1879, S. 613.
Schuller, Friedrich: Schriftsteller-Lexikon der Siebenbürger Deutschen. Bd. IV, Hermannstadt 1902, S. 348.
Capesius, Bernhard: Abhandlungen über G. v. Reicherstorffer in: Forschungen zur Volks- und Landeskunde 10, Bukarest 1967, H. 1, S. 35—62, sowie in: Sie förderten den Lauf der Dinge. Deutsche Humanisten auf dem Boden Siebenbürgens. Bukarest 1967, S. 109—150.
Reinerth, Karl: Humanismus und Reformation bei den Siebenbürger Sachsen. In: Südostdeutsches Archiv XIII (1970), S. 56—76.

RAGIMUND REIMESCH

Geboren 10. Mai 1903 in Kronstadt (Brașov)

Ragimund Reimesch wurde als drittes Kind des Lehrers, Pfarrers und späteren Schulinspektors Friedrich Reimesch und dessen Frau Leontine, geborene Neugeboren, am 10. Mai 1903 in Kronstadt (Brașov) geboren. Viele seiner Ahnen waren Pfarrer gewesen; einer seiner Vorväter war der Sachsenbischof Daniel Georg Neugeboren, 1759 bis 1822. Neben dem Rede- und Formulierungstalent wurde den drei Geschwistern auch das Künstlerblut mit in die Wiege gelegt, war doch ein Bruder der Mutter der Musiker und Maler Heinrich Neugeboren, bekannter unter dem Künstlernamen Henri Nouveau. Bei den drei Reimeschgeschwistern kam dieses Erbe glücklich zum Tragen: der Bruder Fritz Heinz, durch seine Romane und Geschichten weit bekannt, wurde Redakteur und Schriftsteller in Berlin, die Schwester Ilse Konzertpianistin und Gesangspädagogin in Kronstadt, schließlich Ragimund Reimesch Graphiker und Maler „bunter Träume“. Reimesch besuchte nach Absolvierung des humanistischen Gymnasiums in Schäßburg (Sighişoara) und Kronstadt (Braşov) und nach kurzer Bergarbeiterzeit in Seegraben bei Leoben in der Steiermark die Montanistische Hochschule in Leoben und die Technische Hochschule in Charlottenburg, wandte sich aber später an der Universität Berlin der Philosophie und Kunstgeschichte zu, ohne diese Studien abzuschließen. Von früher Jugend an bereits ein eifriger Zeichner, zog ihn plötzlich die Graphik mit unwiderstehlicher Macht in den Bann. Als begehrter Pressezeichner und Buchillustrator vieler Tageszeitungen, Zeitschriften und Buchverlage bereiste Reimesch fortan alle Länder Mittel- und Südosteuropas; besonders erwähnenswert sind die Reisen nach Südtirol, in die Untersteiermark und nach Krain. Seine künstlerische Tätigkeit, die sich vor allem auf Städtebilder und Landschaften erstreckte, fand in zahlreichen Postkartenmappen, Bildmappen (so das Auftragswerk „Burgenland" 1925/26) und Bildbänden ihren Niederschlag.

Das Kriegsende 1945 traf Reimesch im Egerland, das er, wie so viele, ein Jahr darauf verlassen mußte. Der totale Zusammenbruch vernichtete nicht nur die Grundlage seiner materiellen Existenz, sondern beendete auch seine künstlerische Tätigkeit überhaupt. Bescheiden und zurückgezogen begann Reimesch ein neues Leben in Lenzing/Oberösterreich, wo er mit seiner Familie seit 1946 wohnhaft ist. Zunächst betätigte er sich als Harz- und Seegrassammler, dann war er Hilfsarbeiter im Viskosekeller der dortigen Zellwollfabrik. Viele Jahre lang hörte man nichts mehr von ihm. 1951 brachte die große Wende, aber erst 1959 trat er wieder an die Öffentlichkeit.

War Reimesch' Streben in den zwanziger und dreißiger Jahren mehr im Sinne der „Heimatkunst" auf möglichst getreue und unproblematische Wiedergabe der Natur gerichtet gewesen, so spürte man in seinen nunmehrigen Arbeiten eine grundlegende Wandlung seines Stils. Diese Umstellung von realistischen Anfängen zu traumhaft visionären Formen, die „die Grenzen abstrakter Gestaltung berühren, ohne den Zusammenhang mit der Natur zu verlieren" (Vollmer), entsprang nicht zuletzt den engen Verhältnissen seiner Umwelt als Hilfsarbeiter, die ihn zu innerer Einkehr und bescheidenem Gebrauch von Technik und Material, und dadurch auch zu geringen Bildformaten zwangen. Der künstlerische Umbruch reichte bis an die Wurzeln. Der Individualist Reimesch, der sich keiner Schule verschrieb, entwickelte für seine phantastischen Bilder eine eigene, zwischen Graphik (Monotypien), Zeichnung (Kratzen, Wischen) und Malerei (Öl, Aquarelle) stehende Technik. Seine märchenhaften Schöpfungen, vielfach auf Glasplatten gebannt und auf Papier abgezogen, erfahren häufig eine ihm eigene Nachbehandlung mit Spachtel, Finger, Handballen, Griffel, Pinsel, Messer u. dgl. Am tiefsten Grund weben seine Erlebnisse und die seiner Ahnen als Grenzlandbewohner weiter; die Themen der östlichen Welt, des Kampfes, der Not werden daraus verständlich. Die Liebe zur Natur und Kreatur wird lebendig in hauchzarten Landschaften und in hingestrichenen Tierdarstellungen.

Ein glückliches Geschick kreuzte Reimesch' Lebensweg mit dem seiner Frau und Künstlerin Ana Maria, geborene Neugeboren. Auch sie, gebürtige Siebenbürger Sächsin aus Klausenburg (Cluj), studierte in Berlin an der Kunsthochschule und durchlief dort eine Ausbildung als Bühnen- und Kostümbildnerin, was späterhin zu festen Engagements an den Bühnen Salzburg und Bremen zusammen mit Prof.

Schneider-Siemsen führte. Freischaffend an verschiedenen Bühnen Deutschlands, der Schweiz und Englands, ist Ana Maria Reimesch seit 1964 als Graphikerin und Malerin tätig. Eine Reihe von Ausstellungen (so in Gmunden, Lenzing, Bayreuth, Wien, Dinkelsbühl) bestritt das Künstlerehepaar zusammen; die Tochter Lulu trägt das graphische Erbe weiter.

Eine Fülle von Sonderausstellungen brachte Reimesch' Werke in viele Länder der Welt, so — neben Österreich und Deutschland — bis nach Skandinavien und Argentinien (hier acht Ausstellungen).

Bilder von Ragimund Reimesch, der 1971 den Lenzinger Kulturpreis und 1972 den Siebenbürgisch-sächsischen Kulturpreis verliehen erhielt, befinden sich in folgenden Museen und öffentlichen Sammlungen: Akademie der bildenden Künste, Wien; Albertina, Wien; Salzburger Museum C. A.; Oberösterreichisches Landesmuseum; Stadtmuseum und Neue Galerie, Linz; Gemeindearchiv „Reimesch", Lenzing; Staatliche Graphische Sammlung, München; Museum of Modern Art, New York; Philadelphia Museum of Art, Fairmount; Haus des Deutschen Ostens, München; Kammerhof-Galerie, Gmunden.

WERKE:

Neben zahlreichen Bildmappen besonders:
„Bunte Träume", graphische Blätter;
„Monotypien".
Aufgezählt in den verschiedenen Ausstellungskatalogen.

LITERATUR:

Wühr, Hans: (o. T.). In: Südostdeutsche Vierteljahresblätter, 10. Jg., München 1961, Folge 2, S. 110.
Vollmer, Hans: Ragimund Reimesch. In: Allgemeines Lexikon der Bildenden Künstler des XX. Jahrhunderts, Bd. 6, Leipzig 1962.
o. A.: Ragimund Reimesch — ein Künstler der Verzauberung. In: Eckartbote, 19. Jg., Wien, Februar 1971, S. 8.
Wühr, Hans: Die bunten Träume des Malers Ragimund Reimesch. In: Südostdeutsche Vierteljahresblätter, 20. Jg., München 1971, Folge 4, S. 229—231.

OTTO ALFRED RÖSLER

Geboren 10. Mai 1889 in Sächsisch-Regen (Reghin)
Gestorben 4. Februar 1953 in Graz

Der am 10. Mai 1889 in Regen geborene Arzt Otto Alfred Rösler hatte 1912 in Graz sein medizinisches Doktorat erworben. Er erwählte sich die Interne Medizin als Spezialfach. Rösler erkletterte die Universitätslaufbahn über die Anstellung als Assistent an der Medizinischen Universitätsklinik (ab 1914), als Dozent (ab 1922) und als außerordentlicher Professor (ab 1926).
1935 wurde der ein Jahr zuvor zum Wirklichen Hofrat ernannte Otto A. Rösler zum Zentraldirektor des Landeskrankenhauses in Graz bestellt. Während der NS-Zeit war Rösler zwangspensioniert und vorerst Leiter der II. Medizinischen Abteilung.
1947 übernahm er seine alte Aufgabe als Zentraldirektor und wurde zugleich Primararzt an der III. Medizinischen Abteilung des Landeskrankenhauses Graz. Ein Jahr später wurde er zum ordentlichen Professor ernannt. Buchstäblich bis zu seinem letzten Atemzug hatte Rösler nicht nur zum Wohle der Kranken, sondern auch des ganzen Hauses in treuer Pflichterfüllung gewirkt. Seine Patienten dankten ihm besonders sein menschliches Verständnis für ihre Sorgen und Nöte sowie sein persönliches Engagement in jedem einzelnen Fall.
Dem hervorragenden Internisten blieb ein langes Leiden nicht erspart; Rösler starb im Alter von 64 Jahren am 4. Februar 1953 in Graz.

LITERATUR:

o. A., o. T.; in: Tagespost, Graz, 4. 2. 1973.

KARL LUDWIG CZEKELIUS FREIHERR VON ROSENFELD

Geboren 29. August 1804 in Hermannstadt (Sibiu)
Gestorben 27. Mai 1869 in Wien

Karl Ludwig von Rosenfeld war Sohn des Hermannstädter Thesaurariats-Rates Johann Michael von Rosenfeld und wurde am 29. August 1804 in der Stadt am Zibin (Sibiu) geboren, wo er auch am dortigen Gymnasium sowie anschließend am k. Lyzeum in Klausenburg (Cluj) studierte. 1824 trat er beim k. siebenbürgischen Thesaurariate in den Staatsdienst. Um sich für die gewählte Laufbahn praktisch weiter auszubilden, ging Rosenfeld nach Wien und wurde zunächst Praktikant, später Honorär-Konzipist bei der k. k. allgemeinen Hofkammer.

1833 dem k. Commissär und Ban von Kroatien FML. Baron Vlasits und 1834 dem Erzherzog Ferdinand von Este, damaliger k. Landtags-Commissär von Siebenbürgen, für mehrere Jahre zugeteilt, bewährte sich Rosenfeld so gut, daß er bei seiner Rückkehr nach Wien 1838 aus Anerkennung zum Hofsekretär bei der k. k. allgemeinen Hofkammer ernannt wurde. Wenige Jahre später wurde er zum wirklichen Regierungsrat, Protokollisten und Hofrat befördert. Als Rosenfeld 1846 von der Sächsischen Nation zum Königsrichter und Nations-Comes vorgeschlagen wurde, lehnte Kaiser Ferdinand I. diesen Vorschlag mit der ausdrücklichen, ehrenvollen Begründung ab, Rosenfeld sei der Krone in Wien unentbehrlich. 1849 trat er als Referent in das Finanzministerium ein. Während der Jahre 1850 und 1851 befand sich Rosenfeld in Hermannstadt als Regierungscommissär zur Organisation der siebenbürgischen k. k. Finanz-Landesstelle. Bei seiner Rückkehr in das Ministerium ernannte man ihn 1858 infolge seiner Leistungen zum Sektionschef im k. k. Finanzministerium und 1862 zum geheimen Staatsrat.

Als Deputierter im Landtag von Hermannstadt 1863 und 1864 und als lebenslänglicher Reichsrat im österreichischen Herrenhaus (ab 1863) wirkte Rosenfeld unermüdlich für die Idee des Einheitsstaates und, soweit es damit vereinbar war, für die Autonomie Siebenbürgens. Mit dem Ritterkreuz und dem Commandeurkreuz des k. Leopold-Ordens ausgezeichnet, trat Rosenfeld 1865 in den Ruhestand; im selben Jahr noch wurde er in den Freiherrenstand erhoben.

An politische und wissenschaftliche Tätigkeit gewöhnt, beschäftigte sich Rosenfeld auch nach seiner Pensionierung mit historisch-politischen Fragen bis zu seinem Lebensende, zuletzt namentlich mit dem Problem der Zugehörigkeit Dalmatiens und der Militärgrenze zum Königreich Ungarn oder zur österreichischen Monarchie. Seine umfangreiche Kenntnis der alten und neueren Geschichte befähigten ihn dazu.

Doch auch schon während seiner ungewöhnlich reichen Amtstätigkeit wirkte er eifrig mit an den verschiedensten Unternehmungen: etwa am Planen, den Altfluß schiffbar zu machen; an der Errichtung einer Zuckerfabrik in Hermannstadt; an der Verwirklichung einer Eisenbahnlinie durch den Rotenturm-Paß in die Walachei.

Daneben brachte Rosenfeld eine nach Tausenden zählende, wissenschaftlich

höchst wertvolle Sammlung von Urkunden aus dem Zeitraum von 1301 bis 1526 zustande, die seit 1882 als „collectio Rosenfeld" im Brukenthalschen Museum in Hermannstadt aufliegt.
Die Hermannstädter Zeitung schrieb nach seinem am 27. Mai 1869 in Wien erfolgten Tod: „Die ... Idee eines freiheitlichen, allen Völkern gerechten, einigen und mächtigen Österreich verlor an Rosenfeld einen warmen, eifrigen und unermüdlichen Vertreter, der Kaiser einen treuen Diener, das Herrenhaus einen reicherfahrenen Genossen; Siebenbürgen, namentlich aber das Sachsenvolk, einen stets treuen Sohn ..." (1869).

WERKE:

Neben vielen Veröffentlichungen in Wiener Zeitungen über staatsrechtliche Fragen, Ungarn, Siebenbürgen und Österreich betreffend:
Ungarn und Siebenbürgens Stellung zur Gesamt-Monarchie. Wien 1848.
Kossuth als Staatsmann gegenüber von Österreich und Deutschland. Wien 1848.
Die kroatische Frage und Österreich. Wien 1848.
Ungarn im Gesamtstaate. Wien 1861.
Für die Arad-Hermannstädter Eisenbahn. Wien 1864.
Die Wahrheit in der siebenbürgischen Eisenbahnfrage. Wien 1865.

LITERATUR:

o. A.: Biographie Rosenfelds in der Hermannstädter Zeitung von 1869, Nr. 144.
Trausch, Joseph: Schriftsteller-Lexikon der Siebenbürger Deutschen. Bd. III, Kronstadt 1875, S. 125—129.
Schuller, Friedrich: Schriftsteller-Lexikon der Siebenbürger Deutschen. Bd. IV, Hermannstadt 1902, S. 365.
Ferner: W, 27, 27—29.

Daguerreotypie von 1845

STEPHAN LUDWIG ROTH

Geboren 24. November 1796 in Mediasch (Mediaș)
Gestorben 11. Mai 1849 in Klausenburg (Cluj)

Stephan Ludwig Roth ist eine zentrale Figur des Volksstammes der Siebenbürger Sachsen, die sich von allen frühmittelalterlichen deutschen Ostsiedlungen allein als halbwegs geschlossener Volkskörper weit hinter dem Eisernen Vorhang bis auf den heutigen Tag erhalten hat. Durch sein Eintreten für die nationale und kulturelle Gleichberechtigung aller Völkerschaften Siebenbürgens und durch seinen Opfergang von Klausenburg (Cluj) wird Roth heute in weiten Kreisen verehrt; er gilt als der profilierteste Verkörperer siebenbürgisch-sächsischer Geistigkeit. Auch widerfährt ihm heute eine lange Zeit vorenthaltene wissenschaftlich fundierte Rechtfertigung seitens der mitwohnenden nichtdeutschen Bevölkerungsgruppen Siebenbürgens.
Stephan Ludwig Roth ist der Sohn des Kleinschelker (Șeica Mică) Pfarrers Ste-

phan Gottlieb Roth. Am 24. November 1796, mitten in den Stürmen der Französischen Revolution, wurde Stephan Ludwig in Mediasch (Mediaş) geboren, wo sein Vater damals Conrektor des evangelischen Gymnasiums war. Der Schüler besuchte das Gymnasium in Mediasch und Hermannstadt (Sibiu). 1817 bezog er die Universität Tübingen, die er erst nach einer halbjährigen Reise erreichte, während der er den österreichischen Staatsbereich der ganzen Länge nach von Osten nach Westen durchmaß und weite Strecken zu Fuß zurücklegte.
In Tübingen sollte er in die Fußstapfen seines Vaters treten und Theologie studieren. Nach kaum einjährigem Studium begab sich Roth in die Schweiz zu Pestalozzi, der in Iferten am Neuenburger See seine Erziehungsanstalt führte. Hier erhielt Roth wertvolle Anregungen; die Frucht seiner Zusammenarbeit mit dem „größten Erzieher der Menschheit" war sein „Sprachunterricht", worin er die erzieherischen Grundsätze Pestalozzis auf das wichtige Gebiet des Sprachunterrichts zu übertragen versuchte.
Mit hochfliegenden Plänen, einen östlichen Stützpunkt der neuen Erziehungslehre zu schaffen, kehrte Roth nach Abschluß seiner Schweizer Lernjahre 1819 wieder zurück nach Siebenbürgen, nicht ohne vorher noch in Tübingen innerhalb von vier Tagen (!) eine Dissertation über „Das Wesen des Staates, als eine Erziehungsanstalt für die Bestimmung des Menschen" zu schreiben und am fünften Tag dortselbst promoviert zu werden. Freilich hatte er seinen Titel nur wenige Wochen tragen dürfen, denn der österreichische, metternichsche Polizeistaat verbot grundsätzlich die Annahme von ausländischen Titeln.
Seinen Reformvorschlägen wurde in der Heimat weitgehend passiver Widerstand geleistet; so ließ sich Roth 1822 als Lehrer am Gymnasium seiner Vaterstadt anstellen. 1831 wurde er Rektor des Gymnasiums, doch seine Reformbemühungen scheiterten an der reaktionären Bürgerschaft der Stadt. Roth mußte 1834 den Schuldienst verlassen und wurde zum ersten Mediascher Prediger gewählt; anschließend war er mehrere Jahre Pfarrer in Nimesch (Nemşa) und Meschen (Moşna). Roth lernte hier als Landpfarrer das sächsische Bauerntum in seiner schweren Bedrängnis kennen. Mit einer Anzahl von Ratschlägen (Zusammenlegung der Zwergäcker, Wechselanbau, Stallfütterung, Anbau von Industriepflanzen, Anlage von Baumschulen, Obstveredelung, Errichtung von Ackerbauschulen und Musterwirtschaften) und der Gründung des Siebenbürgisch-sächsischen Landwirtschaftsvereins versuchte Roth die Nöte zu bannen. Roth erkannte deutlich, daß Siebenbürgen nur durch Hilfe von außen wieder erstarken könne. Mit seiner „Bittschrift fürs Landvolk" empfahl Roth die Einberufung von Württembergern nach Siebenbürgen. Mit dieser neuerlichen Ostkolonisation wollte er vom breiten, nach Amerika auswanderungswilligen Strom deutscher Bauern einen Teil für sein Heimatland abzweigen. Nach Rücksprache mit seinem Freund Franz Conrad (siehe dort!) entschloß sich Roth zu einer Reise ins Schwabenland, um befähigte Leute selbst anzuwerben. Doch die Sturmzeit 1848/49 machte der kaum in die Wege geleiteten Kolonisation ein rasches Ende, zumal Roth sich auch den Haß der Ungarn in verstärktem Maße zuzog. Es war der magyarische Adel, der sich bedroht fühlte und deshalb scharf reagierte. Außerdem — und hier kam weder der Erzieher noch der Volkswirt, sondern der Politiker in Roth zum Durchbruch — hatte er auf der Jahresversammlung 1846 des siebenbürgi-

schen Landeskundevereins gewagt, den Finger auf die Wunde der sozialen Gegensätze im Land zu legen: zwischen ungarischem Adel und den rumänischen Untertanen sollte die sächsische Nation mit ihren freien Bauern und Bürgern Vermittler sein. Hinzu kommt noch, daß Roth mit seiner flammenden Schrift „Der Sprachkampf in Siebenbürgen" (1842), der leidenschaftlichsten aller seiner Kampfschriften, schon viel Staub aufgewirbelt hatte. Die erhitzten Ungarn strebten nämlich die sprachliche, soziale und verwaltungspolitische Vorherrschaft sowie die staatsrechtliche Vereinigung mit dem Königreich Ungarn an. 1848 brach der offene Bürgerkrieg aus, bei dem die Sachsen auf Seiten der Österreicher standen.

Roth wuchs rasch in verantwortliche Stellungen; so wurde er von der Jugend zum Führer des neugegründeten Deutschen Jugendbundes gewählt; auch wurde er Abgesandter in die sächsische Nationsuniversität. Vom österreichischen General Feldmarschalleutnant von Puchner wurde Roth in die durch die Kämpfe besonders aufgewühlte Kokelburger Gespannschaft zur Wiederherstellung der Ordnung gesandt. Sowohl das gelang ihm als auch die Heimholung von 13 zuvor im Frondienst des Adels gestandenen Dörfer in sächsische Magistrate.

Als die Ungarn jedoch Siebenbürgen zurückeroberten, wurde Roth gefangengenommen und am 11. Mai 1849 in Klausenburg standrechtlich erschossen. Er, der es mit „seiner Nation wohl gemeinet, ohne es mit den andern Nationen übel gemeinet" (Roth) hatte, starb aufrecht und tapfer mit unverbundenen Augen.

Stephan Ludwig Roth stand bei den kriegerischen Auseinandersetzungen eindeutig auf Seiten des Hauses Habsburg und trat für die Aufrechterhaltung der Monarchie als eines Vielvölkerstaates und die Gleichberechtigung der Nationen, Sprachen und Konfessionen ein. Diesem noch heute modern wirkenden Vorschlag für eine Friedensordnung im europäischen Südosten hatte er in zahlreichen Schriften und Aufsätzen sprachgewaltig Ausdruck verliehen. Sein tapferes Sterben erhöhte ihn nicht nur zu einem Volkshelden der Siebenbürger Sachsen, sondern auch zu einem Märtyrer Österreichs. Das muß auch Kaiser Franz Joseph I. empfunden haben, als er, nur wenige Tage nach der Waffenstreckung der Ungarn, die sinnvolle Verfügung traf, daß in Anerkennung der außerordentlichen Verdienste dieses Mannes, jedem seiner fünf unmündigen, als Vollwaisen zurückbleibenden Kinder ein jährlicher Erziehungsbeitrag von 200 Gulden aus dem österreichischen Staatsschatze angewiesen werde.

WERKE UND LITERATUR:

Trausch, Joseph: Schriftsteller-Lexikon der Siebenbürger Deutschen. Bd. III, Kronstadt 1871, S. 138—154.

Obert, Franz: Stephan Ludwig Roth. Sein Leben und seine Schriften. 2 Bände, Wien 1896.

Schuller, Friedrich: Schriftsteller-Lexikon der Siebenbürger Deutschen. Bd. IV, Hermannstadt 1902, S. 368—369.

Folberth, Otto: Der Prozeß Stephan Ludwig Roth. Ein Kapitel Nationalitätengeschichte Südosteuropas im 19. Jahrhundert (= Veröffentlichungen der Arbeitsgemeinschaft Ost, Bd. 1). Graz-Köln 1959.

Göllner, Carl: Stephan Ludwig Roth. Leben und Werk. Zweisprachige Ausgabe (rumänisch-deutsch). Bukarest 1966.

Wellmann, Martin: Kirche und Pfarramt bei Stephan Ludwig Roth im Spannungsfeld von Politik und Sozialpädagogik (= Studia Transylvanica. Ergänzungsbände des Siebenbürgischen Archivs, Bd. 2). Wien-Köln 1970.

Folberth, Otto (Hrsg.): Stephan Ludwig Roth. Gesammelte Schriften und Briefe. Aus dem Nachlaß hrsg. Bd. 1—6, 2. Auflage, Berlin 1970 (Die Wanderschaft, Die Heimkehr, Der Kampf, Die Schriften, Der Predigtstuhl der Zeit, Der Schwabenkönig). Bd. 7: Das Schicksal. Berlin 1964.

Folberth, Otto: Stephan Ludwig Roth Bibliographie. Unter Mitarbeit von Fr. Czikeli, C. Göllner, M. Kroner und M. Wellmann. In: Siebenbürgisches Archiv, Bd. 10, Köln-Wien 1973, S. 107—196.

Kroner, Michael: Stephan Ludwig Roth. Viaţa şi Opera (Leben und Werk). Diss. Cluj 1974.

Ferner: ADB, 29, 341—346; W, 27, 98—101.

FRIEDRICH FRANZ SALZER

Geboren 30. September 1827 in Birthälm (Biertan)
Gestorben 30. November 1890 in Wien

Friedrich Salzer, der Ahnherr einer Reihe bedeutender Ärzte, wurde am 30. September 1827 am ehemaligen Sitz der siebenbürgisch-sächsischen Bischöfe in Birthälm (Biertan) geboren. In Schäßburg (Sighişoara) besuchte er das Gymnasium und studierte anschließend Medizin in Wien, wo er 1852/53 zum Doktor der Medizin und Chirurgie und zum Magister der Geburtshilfe promoviert wurde. Schon 1854 wurde er Operationszögling an der Klinik Schuh, an der er noch im selben Jahr zum Assistenten aufrückte. 1857 habilitierte er sich mit der Arbeit über „Die Nervenresektionen im Bereiche des Trigenimus als Heilmittel gegen Neuralgien für chirurgische Operationslehre". Von 1859 bis 1865 war Salzer Primararzt der chirurgischen Abteilung des St. Annen-Kinderspitals, von 1865 bis 1968 des Rudolfspitals. 1868 wurde er zum Vorstand der II. Chirurgisch-Gynäkologischen Abteilung des Allgemeinen Krankenhauses ernannt. Auf Grund seiner hervorragenden praktischen Leistungen wurde Salzer 1875 zum außerordentlichen Professor ernannt. Vier Jahre später wurde er Chefarzt der Kaiserin-Elisabeth-Bahn und wenige Jahre darauf sämtlicher Staatsbahnen. Viele Jahre hindurch behandelte und operierte er auch alle chirurgischen Fälle im Rothschild-Spital sowie in der niederösterreichischen Landesirrenanstalt.

Sein Bildungslehrgang und seine häufigen Supplierungen des Prof. Schuh befähigten Salzer zur vollkommenen Beherrschung aller Zweige der Chirurgie und der Gynäkologie; auf zwei Gebieten jedoch war er Meister, und zwar in Laparotomien- und Blasenscheiden-Operationen. Auch führte er mit großem Erfolg Operationen von Abdominaltumoren und Fisteln durch. Die hervorragendsten Gynäkologen zollten ihm rückhaltlose Anerkennung, so Marion Sims, Spencer Walls u. a. m. Salzer gehörte zu den erfolgreichsten und gesuchtesten Chirurgen und Gynäkologen von Wien. Er war einer der ersten, der sich die Prinzipien der Antisepsis vollkommen aneignete und auch auf seiner Abteilung durchführte. Dies ist wohl mit ein Grund seines Geheimnisses zum Erfolg.

Stets stark besucht und wahrhaft segensreich waren auch seine Operationskurse, die er von seiner Assistentenzeit an ununterbrochen abgehalten hatte. Die exakte Ausbildung seiner Schüler lag diesem gewissenhaften Menschen sehr am Herzen. Die Anhänglichkeit dieser kam im Jahre 1887 dadurch zum Ausdruck, daß sie Salzer bei der Rückkehr nach einem längeren Urlaub mit einem wohlgetroffenen Ölbild überraschten, das in seinem Operationszimmer aufgehängt wurde.

Wiederholt hätte Salzer die Möglichkeit gehabt, Wien zu verlassen. Zeugen seiner besonderen Fähigkeiten sind die Berufung auf das Primariat an das Landeskrankenhaus nach Salzburg, die kurz vor der endgültigen Ernennung aber aus konfessionellen Gründen rückgängig gemacht wurde, sowie der Ruf nach Zürich, den Salzer ablehnte, weil er sich durch seine Ämter an Wien gebunden fühlte; ein Entschluß, den er später oft noch bereute.

Friedrich Salzer hatte Eingang in die evangelischen Kreise Wiens gefunden und war selbst jahrelang Presbyter in der Gemeinde A. B. in Wien-Innere Stadt. In den letzten Jahren seines Lebens wurde Salzer von einem qualvollen Nervenleiden heimgesucht und starb, nachdem er die Freude der Berufung seines Sohnes Friedrich Adalbert nach Utrecht noch erleben durfte, am 30. November 1890 in Wien.

Friedrich Franz Salzer war zweimal verheiratet. Aus seiner ersten Ehe mit Hermine Junker stammte sein Sohn FRIEDRICH ADALBERT SALZER (geboren 12. Mai 1858, gestorben 7. April 1893). Auch er studierte Medizin in Wien, Heidelberg und Berlin, legte seine Rigorosen mit Auszeichnung ab und arbeitete ab 1882 an der Klinik Billroth. Ein Stipendium ermöglichte ihm, ins Ausland zu reisen und in vielen europäischen Ländern Spitäler und medizinische Unterrichtsanstalten zu besuchen. Viele Semester hielt er Operations- und Verbandskurse für Studenten und Rigorosanten, vier Semester las er über chirurgische Propädeutik. Nach seiner Habilitation wurde F. A. Salzer als Professor für Chirurgie nach Utrecht gerufen, doch rieb er sich dort am passiven Widerstand, der seinen Verbesserungsvorschlägen entgegengesetzt wurde, auf. Ein Nervenzusammenbruch war die Folge, dem im Frühjahr 1893 in Dresden ein plötzlicher Tod durch Selbstmord folgte.

Aus Friedrich Franz Salzers zweiter Ehe mit der Tochter des Superintendenten der evangelischen Kirche H. B., Ida Hermine Marie Franz, ging JOHANNES SALZER (geboren 22. August 1871, gestorben 31. Oktober 1944) hervor. Auch er trat als Chirurg und Kinderfacharzt in die Fußstapfen des Vaters und studierte in der Donaustadt Medizin. Schon als Student trieb er embryologische Studien. Nach seiner Promotion 1895 durchlief er mehrere medizinische Abteilungen und war auch ein Jahr in Prag. 1897 kam er an die Klinik Billroth, wurde dort Assistent und schließlich bekam er eine Anstellung als Leiter der Chirurgischen Abteilung des Kronprinz Rudolf-Kinderspitals. Ab 1903 war er als Assistent an der Chirurgischen Abteilung der Poliklinik (Leitung: Alexander Fraenkel) tätig. Während dieser Jahre publizierte Salzer fleißig und reichte 1909 seine Habilitationsarbeit ein: „Zur Frage der Schilddrüsen-Transplantation". Einstimmig erhielt er die venia legendi. Neben seinen Vorlesungen an der Universität lag das Schwergewicht seiner Tätigkeit am Kronprinz Rudolf-Kinderspital (ab 1925 umbenannt in Mautner-Markhof-Kinderspital), dessen Direktor er 1930 wurde. Sechs Jahre später erhielt J. Salzer den Hofrattitel. Bis zu seinem Tod übertrug man ihm die medizinische Leitung eines Spitals für an Knochentuberkulose erkrankte Kinder auf dem Kahlenberg.

Das segensreiche Wirken Salzers setzte nach dessen Tod sein Sohn GEORG SALZER fort, der heute, weit über die Grenzen Österreichs bekannt, als Professor für Chirurgie in Wien wirkt.

WERKE Friedrich Franz Salzers:

Die Arbeiten sind fast ausschließlich in der „Allgemeinen Wiener medizinischen Zeitung" und in der „Zeitschrift der Gesellschaft der Ärzte" veröffentlicht:
Statistik der chirurgischen Klinik des Professors Schuh; 1856.
Medullarcarcinom am Vorderarm: Echinococcus der Parotis; 1857.
Hydrophobie nach Schuh's Vorträgen, Carcinoma recti und dessen Exstirpation; 1857.
Kothfistel in der Leistengegend; 1857.
Epithelialcarcinom der Wange und des Unterkiefers; 1857.
12 kasuistische Mitteilungen über schwere Verletzungen; 1857.

Einige Fälle von Harnblasensteinen, Amputation eines Carcinoma mammae mit Galvanokaustik; 1858.
Über eine eigentümliche Verkrümmung des Fußes und deren operativ-orthopädische Behandlung; 1866.
Über Resektion des Hüftgelenks; 1867.

LITERATUR:

Rosmanit, J.: Prof. Dr. Friedrich Salzer. In: Wiener klinische Wochenschrift, Nr. 50, Wien 1890.
Schuller, Friedrich: Schriftsteller-Lexikon der Siebenbürger Deutschen. Bd. IV, Hermannstadt 1902, S. 369—371.
Mecenseffy, Grete: Evangelische Lehrer an der Universität Wien. Graz-Wien-Köln 1967, S. 84 bis 86, 104—105, 118—119.
Schwob, Ute Monika: Zur Medizingeschichte der Siebenbürger Sachsen. In: Südostdeutsche Vierteljahresblätter, 18. Jg., München 1969, Folge 2, S. 88—93.

CONRAD FREIHERR SCHMIDT VON ALTENHEIM

Geboren 24. Juli 1810 in Agnetheln (Agnita)
Gestorben 6. Februar 1884 in Wien

Der nachmalige Sachsengraf, Königsrichter von Hermannstadt (Sibiu) und siebenbürgischer Gubernialrat Conrad Schmidt wurde am 24. Juli 1810 als Sohn des evangelischen Predigers A. B. Daniel Schmidt und dessen Frau Susanna, geborene Sartorius, in Agnetheln (Agnita) im Harbachtal geboren. Nach der Absolvierung des Gymnasiums 1829 in Hermannstadt schien er zunächst das Theologiestudium wählen zu wollen, entschied sich aber dann doch für die Juristerei. Schmidt studierte am reformierten Kollegium in Maros-Vásárhely und bei der königlichen Tafel ebendort; 1834 eröffnete er seine Rechtsanwaltskanzlei in Hermannstadt. Seine Kenntnisse und sein rasch erworbener Ruf brachten es mit sich, daß ihm im zunehmendem Maße öffentliche sowie politische Aufgaben anver-

traut wurden. So wurde er wiederholt als Deputierter zum Klausenburger Landtag sowie zum ungarischen Reichstag nach Pest entsandt. Nach schwerwiegender Selbstprüfung legte Schmidt 1848 sein Mandat nieder. Nach der Eroberung Hermannstadts durch die Ungarn fungierte er vorübergehend als neugewählter Polizeidirektor. Die Umgestaltung der Verhältnisse Siebenbürgens nach Niederwerfung der Revolution hatte Conrad Schmidts Eintritt in den Staatsdienst zur Folge. Er schien weithin die berufenste Persönlichkeit, die Wiederherstellung bestandener Verhältnisse zu leiten und die Führung der sächsischen Nation zu übernehmen, deren Comes er 1863 schließlich wurde. Schmidt vertrat auch die Interessen seiner Landsleute als Abgeordneter im österreichischen Reichsrat in Wien.
Eine neuerliche Wendung der Dinge gefährdete die kaum von neuem errungenen verfassungsmäßigen Zustände in der sächsischen Nation. Die Aufhebung der österreichischen Verfassung in Siebenbürgen, der Ausgleich mit Ungarn und die Verschmelzung Siebenbürgens mit Ungarn verschlossen den siebenbürgischen Abgeordneten die Türen des Wiener Reichsrates und verwiesen sie nach Budapest. Der auf Lebenszeit gewählte Sachsengraf Conrad Schmidt wurde 1868 nicht freiwillig pensioniert und vom ungarischen Ministerium des Inneren seiner Würde entkleidet.
Schmidt, der nach 30jähriger, glücklicher Ehe 1864 Witwer geworden war — er war mit Katharina, geborene Angermann aus Groß-Schenk (Cincu) verheiratet gewesen — und zuvor zwei von seinen vier Söhnen verloren hatte, übersiedelte nun nach Wien. In seinem zweiten Lebensabschnitt sollte er hier auf kirchlichem Gebiet noch neue Würden erreichen und gewissermaßen Ersatz für erlittene Kränkungen finden. Seine großen Verdienste in dieser Richtung, die er sich noch in seiner Heimat erworben hatte (unter anderem Umgestaltung der evangelischen Landeskirche A. B. auf Grund der neuen Verfassung), ließen ihn in Wien bald ins Prebyterium kommen; 1872 wurde er zum Kurator gewählt. Schon 1874 wurde er zum Präsidenten des Oberkirchenrates ernannt und löste damit seinen langjährigen Vorgänger und Landsmann Josef Andreas Zimmermann (siehe dort!) ab. Bis zu seinem Tod stand er dem Oberkirchenrat mit dem Rang eines Sektionschefs fast zehn Jahre vor. Schmidt wurde zudem als lebenslängliches Mitglied in das österreichische Herrenhaus berufen.
Schon in Siebenbürgen mit dem Kommandeurkreuz des Leopold-Ordens ausgezeichnet, wurde er nun 1878 unter Verleihung des Prädikates „Altenheim" in den österreichischen Freiherrenstand erhoben.
Am 6. Februar 1884 verstarb Conrad Freiherr Schmidt von Altenheim nach zahlreichen Jahren segensreichen Wirkens für seine Glaubensbrüder in Wien.

LITERATUR:

Friedenfels, Eugen von: Joseph Bedeus von Scharberg. Beiträge zur Zeitgeschichte Siebenbürgens im 19. Jahrhundert. II. Teil (1848—1858), Wien 1877, S. 282.

o. A.: Ergänzungen und Berichtigungen zu Josef Trauschs und Friedrich Schullers Schriftsteller-Lexikon der Siebenbürger Deutschen. In: Korrespondenzblatt des Vereins für siebenbürgische Landeskunde, 32. Jg., Hermannstadt 1909, Nr. 4—5, S. 64—67.

Folberth, Otto: Schützenhilfe aus Siebenbürgen für die evangelische Kirche in Österreich. Eine wenig bekannte Episode um das Protestantenpatent. In: Glaube und Heimat. Evangelischer Kalender für Österreich. Wien 1962, S. 82—86.

Ferner: W, 30, 230—232.

JOHANNES SCHREIBER

Geboren 18. November 1921 in Kronstadt (Braşov)

Schon in die frühe Gymnasialzeit am Honterusgymnasium in Kronstadt (Braşov) fallen die ersten Malversuche des jungen Johannes Schreiber. Eine kontinuierliche Ausbildung und Entwicklung an der Schule für Bühnenbildnerei und darstellende Kunst in Hermannstadt (Sibiu) wurde durch seinen Kriegseinsatz jäh unterbrochen. Trotzdem bildete sich Schreiber durch das Studium am Lehrstuhl für Zeichnen und Malen an der Technischen Hochschule Brünn und Budapest weiter. Nach Kriegsende und seiner Entlassung aus der Gefangenschaft kam Schreiber 1946 nach Kärnten, wo er Kursteilnehmer bei Prof. Arnold Clementschitsch wurde und der Maler Herbert Boeckl und der Nötscher Kreis um Wiegele Einfluß auf ihn gewann. 1949 kam Schreiber nach Linz, nachdem ihm das damals besetzte Wien verwehrt war. Die Professoren Karl Hauk und Wolfgang von Wersin wirkten stark auf Schreiber ein, der selbst bald Lehrer an der Meisterklasse und Fachschule für Gebrauchsgraphik der Höheren Technischen Bundeslehranstalt in Linz wurde.
Wenn sich Schreiber auch beruflich der Graphik, im besonderen der Gebrauchsgraphik, verschrieben hat, im wesentlichen ist er doch freischaffender Maler; nicht nur der ihm 1964 verliehene Kulturförderungspreis für Bildende Kunst des Landes Oberösterreich zeugt davon, sondern auch eine Reihe von Ausstellungen seiner Werke in Linz, Wels, München, Wien und Salzburg. Der Künstler, mit starken Farben und kräftigen Komplementärkontrasten arbeitend, gestaltet nach strengem Gestaltungs- und Kompositionswillen und ist eigenwillig in seiner Wahl von Bildformaten. Wenn auch seine Landschafts- und Blumenbilder (meist große Ölgemälde) sowie seine Bilder mit religiösen Themen vom Expressionismus beeinflußt sind, so sucht und findet Schreiber kraft seiner „Herbheit, Verschlossenheit, Kompromißlosigkeit sowie Unbedingtheit der Wahrheitssuche" seinen eigenen Stil, der ihn zum engagierten Einzelgänger macht.

LITERATUR:

Kraft, Peter: Erleuchtung durch Farbe. Der Maler Johannes Schreiber. In: Oberösterreichischer Kulturbericht, XXIII. Jg., Folge 24, 10. 10. 1969.
Rombold, Günter: Der Maler Johannes Schreiber. In: Christliche Kunstblätter 4/1970: Kirchliche Mehrzweckräume, S. 202—205.
Kraft, Peter: Ein Menschenleben wird von Malerei durchformt. In: Oberösterreichischer Kulturbericht, XXVII. Jg., Folge 22, 25. 10. 1973.
Bäumer, Angelica: Ausstellung Johannes Schreiber in Salzburg. In: Oberösterreichischer Kulturbericht, XXVIII. Jg., Folge 23, 8. 11. 1974.

FRIEDRICH SCHULER VON LIBLOY

Geboren 13. Jänner 1827 in Hermannstadt (Sibiu)
Gestorben 8. November 1900 in Wien

Der Stammvater der Familie war Urban Schuler, alias Libloy, der von König Mathias II. 1616 geadelt wurde. Ab der vierten Generation war die Familie in Hermannstadt (Sibiu) ansässig, wo auch Friedrich Schuler von Libloy am 13. Jänner 1827 als Sohn eines Kaufmannes geboren wurde. Nach dem Besuch des dortigen deutschen Gymnasiums und dem Studium der dortigen Rechtsakademie ging er auf die Universität nach Wien und Graz. In seine Vaterstadt zurückgekehrt, wurde er 1851 Supplent, wenig später Professor an der Rechtsakademie, wo er siebenbürgische Rechtsgeschichte, sächsisches Statutarrecht, protestantisches Kirchenrecht und Nationalökonomie unterrichtete. Der mit einer brillanten Rednergabe ausgezeichnete Schuler von Libloy entfaltete eine rege schriftstellerische Tätigkeit, wobei er sich das bisher größte Verdienst um die Erforschung des Eigen-Landrechts der Siebenbürger Sachsen erworben hat. Etliche seiner vielen Arbeiten sind in Wien erschienen.

Jahre hindurch war Schuler von Libloy Ausschußmitglied des Vereins für Siebenbürgische Landeskunde und des naturwissenschaftlichen Vereins in Hermannstadt; seit 1856 verwaltete er die siebenbürgische Central-Agentur des Germanischen Museums in Nürnberg, das ihn auch zum Mitglied seines Gelehrtenausschusses wählte.

Schuler von Libloy bekleidete viele öffentliche und kirchliche Ämter; so hat er sich etwa als Vorstand des Hermannstädter Gewerbevereins große Verdienste um die würdige Vertretung, namentlich der siebenbürgischen Industrie auf der Wiener Weltausstellung von 1873 erworben.

Auch in den legislativen Körperschaften fand er Gelegenheit, die Rechte seines Volkes und seine Überzeugung zu vertreten: auf dem Landtag 1863 und 1864 war er Abgeordneter von Sächsisch-Regen (Reghin) und Mitglied des österreichischen Abgeordnetenhauses in den Sessionen der nämlichen Jahre; 1868 war er Abgeordneter des Mediascher Stuhls in der sächsischen Nationaluniversität. 1875 wurde Schuler von Libloy an die neugegründete Universität Czernowitz an die Lehrkanzel für deutsches Recht und Völkerrecht berufen. Hier wurde er zweimal zum Rektor der Universität und fünfmal zum Dekan der juridischen Fakultät gewählt.

1883 wurde er zum k. k. Regierungsrat und 1895 zum Hofrat ernannt. Im selben Jahr ging Schuler von Libloy in den Ruhestand und übersiedelte zunächst nach Hermannstadt, später nach Wien, wo er am 8. November 1900 starb.

WERKE:

Statuta jurium municipalium Saxonum in Transilvania. Das Eigen Landrecht der S. Sachsen bearbeitet nach seiner legalen Ausbildung als Grundriß für akademische Vorlesungen. Hermannstadt 1853.

Erste Grundzüge der theoretischen Diplomatik. Hermannstadt 1854.

Siebenbürgische Rechtsgeschichte. Ein Leitfaden für die Vorlesungen über I. Geschichte der siebenbürgischen Rechtsquellen; II. Geschichte der siebenbürgischen Rechts-Institute. Hermannstadt 1854.

Kurzer Überblick der Literaturgeschichte Siebenbürgens von der ältesten Zeit bis zu Ende des vorigen Jahrhunderts. Hermannstadt 1857.
Deutsche Rechtsgeschichte. Mit drei historisch-politischen Karten. Wien 1863.
Beiträge zur Kirchengeschichte von Siebenbürgen. In: Österreichische Blätter für Literatur und Kunst, Jg. 1857, Nr. 23, 24, 26, 27, 29, 32.
Das ungarische Staatsrecht. Wien 1870.
Politische Ökonomie. Volkswirtschaftliche Hauptbegriffe und Grundlehren, mit Rücksicht auf das gewerbliche Bedürfnis. Hermannstadt 1871.
Protestantisches Kirchenrecht vornehmlich das des evangelischen Augsburger Bekenntnisses in Siebenbürgen. Hermannstadt 1871.
Abriß der europäischen Staats- und Rechtsgeschichte. Berlin 1873/4.
Aus der Türken- und Jesuitenzeit vor und nach dem Jahre 1600. Historische Darstellungen zumal Fürsten- und Volksgeschichte in den Karpathenländern. 2. Auflage, Berlin 1879.
Über die Entwicklung der staatsbürgerlichen Freiheit in Österreich. 3. Auflage, Czernowitz 1894.

LITERATUR:

Trausch, Joseph: Schriftsteller-Lexikon der Siebenbürger Deutschen. Bd. III, Kronstadt 1875, S. 229—240.
Schuller, Friedrich: Schriftsteller-Lexikon der Siebenbürger Deutschen. Bd. IV, Hermannstadt 1902, S. 390—391.
Das Eigen-Landrecht der Siebenbürger Sachsen. Unveränderte Wiedergabe des Erstdruckes von 1583. Hrsg. vom Arbeitskreis für Siebenbürgische Landeskunde. Mit einer Einführung von Adolf Laufs und Worterläuterungen von Wolfgang Bührer. München o. J. (1973), bes. S. VI.
Ferner: W, 32, 149—152.

MATHIAS SCHUSTER

Geboren 17. März 1912 in Bußd (Boz)

Mathias Schuster sei neben Richard Engler (siehe dort!) als zweiter Vertreter eines „Siedlungsgründers“ in Österreich genannt.
Schuster wurde am 17. März 1912 als das fünfte von sieben Kindern in Bußd (Boz) bei Mühlbach (Sebeș) geboren. Die Volksschule und das Untergymnasium besuchte er in Mühlbach und absolvierte das Theologisch-pädagogische Lehrerseminar in Hermannstadt (Sibiu) 1932. Vor seiner Militärdienstzeit im rumänischen Heer unterrichtete Schuster als provisorischer Lehrer in mehreren Gemeinden Südsiebenbürgens; 1937 holte er sich seine Frau Maria, geborene Stefani, aus Gergeschdorf (Ungurei), mit der er fünf Kinder hat.
Seine erste definitive Stelle bekam Schuster 1935 als Schulrektor an der Volksschule in Großschogen (Sieu) und blieb fortan bis zur Flucht seiner Landsleute 1944 in Nordsiebenbürgen. Bis zur Übernahme der Stelle eines Prediger-Lehrers

in Birk (Petelea) bei Sächsisch-Regen (Reghin) 1937, bereitete sich Schuster privat für die Pfarramtsprüfung der nichtakademischen Kandidaten für das geistliche Amt vor, die er im Herbst 1936 mit gutem Erfolg in Hermannstadt bestand. Schuster wurde zum Pfarramtsverweser der großen Gemeinde Birk ernannt und zugleich zum geistlichen Mitglied des Bezirkskonsistoriums von Sächsisch-Regen gewählt. Schuster war vermutlich damals der einzige siebenbürgische Pfarrer, der evangelischen Religionsunterricht in einer rumänischen Schule erteilt hat, da ein Großteil der politisch verhetzten Gemeinde seine Kinder in die rumänische Schule geschickt hatte. Nur mit größter Anstrengung gelang es ihm, das Recht der deutschen Schulhaltung in seiner Gemeinde nicht zu verlieren.

Von 1939 bis 1942 wirkte Schuster als Pfarrer in Weilau (Uila). Mit der ersten „Freiwilligen-Aktion" zog er als Freiwilliger nach Deutschland, jedoch bald der Obrigkeit unbequem geworden, wurde er als „wehrunwürdig" von einer Dienststelle zur anderen weitergereicht, sogar bis Belgrad und Pantschewo geschickt. Auf großen Umwegen und unter großen Schwierigkeiten wurde Schuster schließlich in die Heimat entlassen, wirkte vorübergehend abermals in Weilau, bis er sich 1943 neuerdings als Kriegsfreiwilliger meldete und zur Wehrmacht überstellt wurde. Schuster erlebte das Kriegsende in Oberösterreich und geriet in amerikanische Gefangenschaft, aus der er jedoch bald wieder entlassen wurde.

Einen Teil seiner heimatlichen Gemeinde Weilau fand Schuster in Erdhütten hausend in Bergham, Oberösterreich. Seine Familie, die mit Pferdefuhrwerk getreckt war, entdeckte er nach siebenwöchiger Suche (drei Wochen zu Fuß, vier Wochen mit Fahrrad) in Kitzbühel, Tirol. Am 1. Juli 1945 brachte Schuster seine Familie nach Oberösterreich und fing an, seine Gemeinde zu betreuen. Die von ihm versorgten Siebenbürger Sachsen lebten in drei Flüchtlingslagern im Raume Seewalchen. Dieses historisch doppelbödige „Landl", auf den Südhängen des Hausruck gelegen, Schauplatz heftiger Kämpfe während der Reformation, Gegenreformation und der Bauernaufstände, Heimat vieler 1734 wegen ihres protestantischen Glaubens in den siebenbürgischen Unterwald ausgewiesener Landler, wurde für viele siebenbürgische Flüchtlinge die zweite Heimat.

Als erstes errichtete Schuster eine zwei-, später dreiklassige Volksschule in Kammer, in der er zunächst nach dem rumänischen Lehrplan unterrichtete, weil noch nicht feststand, ob die Nordsiebenbürger in Österreich würden bleiben dürfen. Diese Schule galt als eine der besten im Bezirk Vöcklabruck und wurde 1950 aufgelöst. Als die im Zuge der „Kohlenaktion" Anfang der fünfziger Jahre in den Zechen des deutschen Kohlenpotts untergetauchten, verzweifelt nach einer neuen Existenzform suchenden siebenbürgischen Bauern zu ihren Frauen und Kindern wieder restlos ins Salzkammergut zurückkehrten, stand für Mathias Schuster fest: die Familien mußten seßhaft gemacht, es mußte von vorne begonnen werden!

Der glückliche Auftakt hierzu war die Errichtung einer selbständigen Pfarrgemeinde (Lenzing-Kammer) im Jahre 1954 auf Betreiben von Pfarrer Schuster. Durch Grundkäufe entstand ferner in vier Etappen die neue Siedlung Rosenau am Attersee, deren Name nicht vom siebenbürgischen Ort gleichen Namens, sondern von dem Namen der Besitzfamilie der Baugründe herrührt. Die wichtigsten Stationen waren:

1956 Aufstellung einer Baracken-Notkirche auf einem freien Gelände. Beginn der Besiedlung (überwiegend Einfamilienhäuser).

1957—1959 Bau der Gnadenkirche mit 400 Plätzen; sie wird auch „evangelischer Dom am Attersee“ genannt.

1962—1964 Bau eines Altenwohnheimes (4 Doppel-, 6 Einzelzimmer).

1966 Fertigstellung eines Kindergartens für 60 Kinder und der Wohnung für eine Kindergärtnerin.

1967 Anlegung eines Friedhofes.

1969 Bau einer Friedhofskapelle.

1971—1973 Bau eines kirchlichen Gemeindezentrums (Pfarrhaus mit Küster-, Schwestern- und Jugendwartwohnungen sowie Räumlichkeiten für die Gemeindearbeit).

Alle Baulichkeiten wurden ohne Bauunternehmungen in echt nachbarschaftlicher Hilfe und freiwilligen Arbeitsstunden gebaut.

Die Gemeinde zählt gegenwärtig 1650 Seelen; von ihnen sind — neben Österreichern und Flüchtlingen aus allerlei Staaten Osteuropas — etwa 1100 Siebenbürger Sachsen aus Nord- und Südsiebenbürgen.

Der bescheidene Mensch, stete Kopf und unermüdliche Motor dieser Siedlung, Mathias Schuster, wurde anläßlich seines 60. Geburtstages 1972 zum Ehrenbürger der Gemeinde Seewalchen am Attersee ernannt.

LITERATUR:

Folberth, Otto: Treckführer wurden zu Kirchengründern. Zwischenbilanz über die Seßhaftmachung der Siebenbürger Sachsen in Österreich. In: Vierteljahresschrift „Österreichische Begegnung“, Wien 1960, Nr. 3 und 4 (auch als Sonderdruck).

o. A.: Das Beispiel Rosenau für die junge Tochter-Gemeinde Mattighofen. In: Neue Warte am Inn vom 10. 3. 1960, S. 6.

Knoglinger, Walter: Rosenau. Das Dorf der Unverzagten. In: In und über Zeit (Wochenendbeilage der „Oberösterreichischen Nachrichten“), 20. 8. 1960, Nr. 11.

Greif, Elke: Die Siebenbürger Sachsen in Oberösterreich, bevölkerungsgeographisch betrachtet. Hausarbeit in Geographie an der Universität Innsbruck unter Prof. H. Kinzel. Maschingeschriebenes Manuskript, Innsbruck 1969.

Bergel, Hans: Auf halbem Weg zwischen Salzburg und Linz ... In: Siebenbürgische Zeitung, München, vom 15. 3. 1972, S. 3 und 5.

o. A.: Rosenau am Attersee. Die Flüchtlingsgemeinde um den Altar. In: Das diakonische Werk, Stuttgart, Juli 1972, Heft 7, S. 14.

KARL LUDWIG SIGMUND RITTER VON ILÁNOR

Geboren 27. August 1810 in Schäßburg (Sighişoara)
Gestorben 1. August 1883 in Padua

Nicht leicht war der Weg, der die Protestanten nach dem Toleranzedikt von 1781 unter Joseph II. wieder an die österreichischen Universitäten führte.
Sigmund wurde am 27. August 1810 in Schäßburg (Sighişoara) geboren, wo er auch das Gymnasium absolvierte. Nachfolgend studierte er an der medizinisch-chirurgischen Josephs-Akademie in Wien; hier hat er auch den chirurgischen Doktorgrad sowie den Magister der Augenheilkunde und Geburtshilfe erworben. Vermutlich studierte er sogar eine Zeit lang in Budapest, denn hier erwarb er den Doktor der Medizin. Über verschiedene Stationen (Praktikant im Allgemeinen Krankenhaus) wurde Sigmund 1839 Konzipient in dem Sanitätsdepartement der Niederösterreichischen Landesregierung, 1842 Primararzt und 1844 Dozent, in welcher Eigenschaft er über theoretische Chirurgie, Instrumenten- und Bandagenlehre las.
1849 wurde er zum Professor für die auf seine Anregung hin neu errichtete Lehrkanzel für Syphilidologie ernannt. Als Leiter dieser neuen Abteilung erwarb sich Sigmund große Verdienste, so daß er jenen Kräften beigezählt werden muß, die der Wiener medizinischen Schule zu erneutem Glanz und Ansehen verholfen haben. Er war außerdem auf dem Gebiet des Sanitätswesens und der Balneologie im In- und Ausland tätig. Die Liste seiner ordentlichen, korrespondierenden oder Ehrenmitgliedschaft bei gelehrten Vereinen und Akademien füllt Zeilen! Auf einer zweijährigen Reise in den Orient hatte Sigmund das Sanitätswesen und die Quarantänevorschriften in den Donaufürstentümern, der Türkei und Ägypten, Syrien, Kleinasien und Griechenland entscheidend beeinflußt. Immer wieder wurde er zu Beratungen zugezogen. Sigmund schuf die Grundlage für internationale Maßnahmen zur Bekämpfung der Cholera. In ihm war der medizinischen Fakultät der Universität Wien ein Sozialhygieniker großen Stils erwachsen (Erna Lesky).
Sigmund wurden zahlreiche Ehrungen zuteil; neben dem königlichen spanischen Isabellenorden, dem kaiserlichen Osmanischen Medjidié-Orden und dem Ritterkreuz der französischen Ehrenlegion wurde er von Kaiser Franz Joseph 1866 mit dem Prädikat „von Ilánor“ in den Adelstand und 1871 in den österreichischen Ritterstand erhoben. Sieben Jahre später verlieh man ihm den Hofrattitel.
Sigmunds Alter war von Krankheit gezeichnet; er starb während eines Aufenthaltes bei seiner Tochter in Padua am 1. August 1883, wo er auch beigesetzt wurde.

WERKE:

Füreds Mineralquellen und der Plattensee, für Ärzte und Badegäste nach den vorhandenen Hilfsmitteln und eigenen Untersuchungen dargestellt. Pest 1837.
Gleichenberg, seine Mineralquellen und der Kurort. 20. Auflage, Wien 1846.
Zur Pest- und Quarantänefrage. Wien 1848.
Südliche klimatische Kurorte, mit besonderer Rücksicht auf Venedig, Nizza, Pisa, Meran und Triest. Wien 1857.
Übersicht der bekanntesten zu Bade- und Trinkkur-Anstalten benützten Mineralwässer Siebenbürgens. Wien 1860.

Heilquellen und Kurorte des österreichischen Kaiserstaates und Oberitaliens. Wien 1862.
Das von mir geübte Verfahren der Einreibungskur mit grauer Salbe bei der Syphilis. 3. Auflage, Wien 1866.

LITERATUR:

Trausch, Joseph: Schriftsteller-Lexikon der Siebenbürger Deutschen. Bd. II, Kronstadt 1871, S. 308—312.
Schuller, Friedrich: Schriftsteller-Lexikon der Siebenbürger Deutschen. Bd. IV, Hermannstadt 1902, S. 436.
Lesky, Erna: Die Wiener Medizinische Schule im 19. Jahrhundert (= Studien zur Geschichte der Universität, Bd. VI). Wien 1965.
Mecensaffy, Grete: Evangelische Lehrer an der Universität Wien. Graz-Wien-Köln 1967, S. 22 bis 24.
Schwob, Ute Monika: Zur Medizingeschichte der Siebenbürger Sachsen. In: Südostdeutsche Vierteljahresblätter, 18. Jg., München 1969, Folge 2, S. 88—93.
Ferner: W, 34, 272—275.

RUDOLF THEISS

Geboren 18. Dezember 1888 in Kronstadt (Braşov)
Gestorben 20. Juni 1961 in Landeck/Tirol

Der am 18. Dezember 1888 in Kronstadt (Braşov) geborene Rudolf Theiß sollte in Österreichs Heereswesen einen wichtigen und einflußreichen Platz einnehmen. 1907 aus der Infanterie Kadettenschule Kamenitz in Kroatien ausgemustert, kam Theiß als Fähnrich zum k. u. k. bosnischen herzegowinischen Infanterieregiment Nr. 4 (Budapest), war aber in Wien stationiert.
Am Ersten Weltkrieg nahm er als Offizier teil. Nach dem Zusammenbruch der Monarchie diente er als Offizier im ersten österreichischen Bundesheer. 1938 erfolgte die Eingliederung des Bundesheeres in die deutsche Wehrmacht, wobei Theiß mit seiner Abteilung (Panzer-Bataillon, damals Bruck an der Leitha) einen vorzüglichen Eindruck hinterließ und ihm namentlich auf Grund des herrschenden guten Geistes und der ebenso guten Disziplin in seinem Bataillon ausgezeichnete Kritik widerfuhr.
Wegen seiner schweren körperlichen Behinderung, die er sich während einer Panzerübung zugezogen hatte, nahm Theiß als Offizier, aber Nicht-Kombattant, am Zweiten Weltkrieg teil. „Die Vorschriftenstelle wurde dem Oberst Theiß übertragen, dem bereits aus dem Jahre 1938 bekannten, damaligen Kommandeur des österreichischen Panzer-Bataillons. Er hat sie bis zum Zusammenbruch geleitet und sich außerdem große Verdienste um die Sammlung kriegsgeschichtlicher Unterlagen erworben.“ (H. Guderian.)
Nach dem Krieg blieb Theiß in Tirol hängen und starb am 20. Juni 1961 als General a. D. in Landeck.

LITERATUR:

Guderian, Heinz: Erinnerungen eines Soldaten. Heidelberg 1951, bes. S. 45 und 266.

OSWALD THOMAS

Geboren 27. Juli 1882 in Kronstadt (Braşov)
Gestorben 13. Februar 1963 in Wien

Oswald Thomas wurde am 27. Juli 1882 in Kronstadt (Braşov) geboren. Von seinem Vater Karl Thomas, Schüler Theodor Mommsens, späterer Altphilologe, Mädchenschuldirektor in Kronstadt und Liebhaber der Astronomie, angeregt, beschäftigte sich der Sohn schon während seiner Gymnasialjahre eifrig mit Sternkunde. Nach dem Abitur in seiner Vaterstadt studierte er Mathematik und Physik in Heidelberg unter Cantor, einem Schüler des großen Karl Friedrich Gauß, des „Fürsten der Mathematik", dann in Jena und Klausenburg (Cluj), schließlich in Berlin unter Hermann Struve aus der weltberühmten deutschen Astronomiedynastie; er schloß seine Studien mit dem Doktorat ab. Seine Liebe zur Sternkunde stellte er schon 1906 unter Beweis, als er eine astronomische Ausstellung veranstaltete. 1907 richtete Thomas in Kronstadt eine „Sammelstelle für Meteormeldungen“ ein, um die Bahnen der Meteore zu berechnen. In ihr sah er selbst die Urzelle seines später in Wien gegründeten „Astronomischen Büros“ sowie die Grundlage für sein „Lehrbuch zur Bahnberechnung von Feuerkugeln“. Von 1910 bis 1913 wirkte Thomas als Mathematik- und Physiklehrer am Honterusgymnasium in Kronstadt. Seit 1913 lebte er ständig in Wien und lehrte zunächst an Privatschulen, seit 1915 bis 1942 an einem Realgymnasium; zugleich war Thomas auch von 1915 bis 1922 und von 1933 bis 1935 Leiter der Uraniasternwarte, von 1925 bis 1938 Dozent für Astronomie am Pädagogischen Institut, von 1927 bis 1928 und von 1932 bis 1933 leitender Astronom des Zeißplanetariums, seit 1941 Professor für Astronomie an der Universität Wien.

Thomas' Verdienst seiner astronomischen Tätigkeit war dreifach:

a) Bahnberechnung von himmlischen Feuerkugeln;

b) Erstellung einer Methodologie (Methode astronomischer Darstellung);

c) Betreiben einer astronomischen Volksbildung.

Zeitlebens galt sein Hauptbestreben der astronomischen Volksbildung. Tausende von Vorträgen (Planetarium-Vorträge, Rundfunkvorträge, Vorträge unter freiem Himmel) in und um Wien, im In- und Ausland, auf hoher See usw. sprechen für sich! Einer ungezählten Schar von Himmelsfreunden aller Bildungsschichten erklärte der stets humorvolle, mit blendender und fesselnder Rednergabe ausgestattete Thomas den Himmel. Berühmt wurden seine Wiener „Sternabende“ vor der Wiener Hofburg beim Erzherzog-Karl-Denkmal und seine „Nachtwanderungen über den Sommerheidenweg“, die jeweils von Sonnenunter- bis Sonnenaufgang dauerten. Mit Nachdruck setzte er sich für die Errichtung eines Sonnen- und Sternenhains auf dem Laaer Berg in Wien ein und war auch Gründer und Ehrenpräsident des astronomischen Vereins in Wien.

Österreich ehrte Thomas mit dem Silbernen Ehrenzeichen für Verdienste um die Republik Österreich und mit der Ehrenmedaille der Bundeshauptstadt Wien. Auch seine Landsleute ernannten ihn zum Ehrenmitglied des Vereines der Siebenbürger Sachsen in Wien und der Landsmannschaft der Siebenbürger Sachsen in Deutschland.

Überaus beliebt und geehrt von vielen starb Oswald Thomas am 13. Februar 1963 in Wien.

WERKE:

Lehrbuch zur Bahnberechnung von Feuerkugeln;
Astronomie, Tatsachen und Probleme. Salzburg-Stuttgart 1933.
Atlas der Sternbilder;
Himmel und Weltall;
Sternzeiger für die Rocktasche des Himmelsfreundes. Salzburg-Stuttgart 1958.
Aus dem Leben und Werk eines Astronomen. In: Südostdeutsche Vierteljahresblätter, 11. Jg., München 1962, Folge 4, S. 236—239.

LITERATUR:

o. A. (—er): Prof. Dr. Oswald Thomas 80 Jahre alt. In: Siebenbürgische Zeitung vom 15. 8. 1962.

EUGEN VON TRAUSCHENFELS

Geboren 3. März 1833 in Kronstadt (Braşov)
Gestorben 20. Februar 1903 in Kronstadt (Braşov)

Eugen von Trauschenfels wurde am 3. März 1833 als Sohn des Kronstädter Senators und k. Steuer-Einnehmers Friedrich von Trauschenfels und dessen Gattin Katharina, geborene Barbenius, in Kronstadt (Braşov) geboren. Wenige Wochen nach seiner Geburt verlor er die Mutter, in seinem 6. Lebensjahr auch seinen Vater. Die Erziehung übernahm vorerst eine Tante, Karoline Salmen von Kriegsheim, später der Conrektor des deutschen Gymnasiums, Johann Georg Giesel. In Kronstadt absolvierte Trauschenfels das Untergymnasium, während er die oberen Klassen in Hermannstadt (Sibiu) besuchte. Nach der Matura widmete er sich juridischen Studien: zunächst an der Hermannstädter k. k. Rechtsakademie, anschließend an der Wiener Hochschule. Dieser erste Wiener Aufenthalt war für Trauschenfels' weiteres Leben sehr bedeutungsvoll; besonders anregend wirkte sich neben dem reinen Fachstudium die freundschaftliche Beziehung zum Kunsthistoriker Rudolph von Eitelberger aus, der ihn vielfach in sein Haus einlud und ihn zur Mitarbeit an den damals unter seiner Redaktion erscheinenden „Österreichischen Blätter für Literatur und Kunst", Beiblatt der k. k. Wiener Zeitung, heranzog.

Nach dem Studium trat Trauschenfels in den Staatsdienst und war in Großwardein tätig. Schon nach einem Jahr begann er 1857 bei seinem älteren Bruder Franz eine Advokatenpraxis in Kronstadt. Nachdem er wenig später ins Magistrat überwechselte, war er viele Jahre zum Wohle seiner Landsleute tätig. Neben kirchlichen Ämtern übernahm er auch eine wichtige Funktion bei der Wiederherstellung der sächsischen Verfassung und der Reorganisation der Munizipalbehörden. Trauschenfels war auch Abgeordneter im Siebenbürgischen Landtag (1863/64), Reichstagsabgeordneter (1864/65) und Abgeordneter im Klausenburger Landtag (1865). 1874 wurde er provisorischer Senator von Kronstadt.

Trauschenfels' Beamtenleben verlief in ruhigen Bahnen; er war keine Führerpersönlichkeit, seine milde und stille Natur neigte mehr zum überall und allzeit bereiten Ratgeber. In seiner Person vereinigten sich Historiker, Publizist und Politiker.

Seine reiche schriftstellerische Tätigkeit schlug sich nieder in redaktionellen und herausgeberischen Arbeiten sowie in zahlreichen Beiträgen in Zeitungen, Kalendern und Periodikas, so etwa in: Kronstädter Zeitung, Siebenbürgisch Deutsches Wochenblatt, Sächsischer Hausfreund, Allgemeine deutsche Biographie usw. 1876 nahm Trauschenfels die Stelle eines weltlichen Rates im evangelischen Oberkirchenrat an und übersiedelte nach Wien, wo er über 25 Jahre lang lebte und wirkte. Diese Zeit ist gekennzeichnet durch Hingabe und fleißige Arbeit im Dienst der evangelischen Kirche Österreichs. Trauschenfels erwarb sich große Verdienste um das Zustandekommen der Kirchenverfassung und um die mustergültige, jahrelange Leitung der neugegründeten Pensionsanstalt. Auch für die Errichtung einer Hilfskasse für evangelische Pfarrer und Lehrer trug er Sorge.

1896 erhielt er den Titel Hofrat, 1910 trat er in den Ruhestand und übersiedelte wieder zurück in seine Heimat. Am 20. Februar 1903 starb Trauschenfels in Kronstadt.

WERKE:

(Hrsg.) Magazin für Geschichte, Literatur und alle Denk- und Merkwürdigkeiten Siebenbürgens. Bd. 1, Kronstadt 1859; Bd. 2, Kronstadt 1860.
(Hrsg.) Deutsche Fundgrube zur Geschichte Siebenbürgens. Kronstadt 1860.
Zur Geschichte des öffentlichen Lebens in Siebenbürgen von 1791 bis 1848. Kronstadt 1871.

LITERATUR:

Trausch, Joseph: Schriftsteller-Lexikon der Siebenbürger Deutschen. Bd. III, Kronstadt 1875, S. 421—424.
Schuller, Friedrich: Schriftsteller-Lexikon der Siebenbürger Deutschen. Bd. IV, Hermannstadt 1902, S. 142, 481, 556.
Teutsch, Friedrich: Denkrede auf Eugen von Trauschenfels. Zur Eröffnung der 54. Generalversammlung des Vereins für siebenbürgische Landeskunde. In: Archiv des Vereins für siebenbürgische Landeskunde, NF, XXXII, H. 3, Hermannstadt 1904, S. 479—500.
Ferner: W, 47, 36—38.

SIGISMUND VORSTER (FORSTER)

Geboren 15. September 1715 in Hermannstadt (Sibiu)
Gestorben 19. Februar 1794

Sigismund Vorster blieb einer der wenigen katholischen Siebenbürger Sachsen, nachdem sich seine Landsleute in der Mitte des 16. Jahrhunderts unter Johannes Honterus geschlossen zum lutherischen evangelischen Glauben bekannt hatten.
Vorster, aus siebenbürgisch-sächsischer Abstammung, wurde am 15. September 1715 in Hermannstadt (Sibiu) geboren. 1731 erfolgte seine Aufnahme in den Jesuitenorden, 1734 empfing er als Mitglied des Kollegiums zu Leoben die Priesterweihe. Seit diesem Jahr studierte er in Graz und empfing hier nach Absolvierung seines Theologiestudiums (1742 bis 1745) die höheren Weihen.
1747 unterrichtete er an der Grazer Universität Poetik. In diesem Jahr erschien auch in Graz eine historisch-genealogische Gesamtschau über das Haus Lothringen aus seiner Feder.
In Wien war er Prokurator des Theresianums und war in Siebenbürgen an verschiedenen Kollegien tätig.
Vorster starb am 19. Februar 1794.

WERKE:

Abhandlung über das Haus Lothringen (1747).

LITERATUR:

Andritsch, Johann: Studenten und Lehrer aus Ungarn und Siebenbürgen an der Universität Graz (1586—1782). Ein personengeschichtlicher Beitrag zur Geschichte der Karl-Franzens-Universität in der Jesuitenperiode (= Forschungen zur geschichtlichen Landeskunde der Steiermark. Hrsg. von der Historischen Landeskommission für Steiermark, Bd. XXII). Graz 1965, S. 271.

JOHANN GEORG WENRICH

Geboren 13. Oktober 1787 in Schäßburg (Sighişoara)
Gestorben 15. Mai 1847 in Wien

Der nachmalige erste Generalsekretär und einer der ersten vierzig Mitglieder der im Jahre 1847 gegründeten Akademie der Wissenschaften in Wien, Johann Georg Wenrich, wurde am 13. Oktober 1787 in Schäßburg (Sighişoara) geboren. Er studierte an den Gymnasien von Schäßburg und Hermannstadt (Sibiu) Philosophie und Theologie. 1809 ging er nach Wien, um semitische Sprachen zu lernen, was ihm auch unter Anleitung Arydas, eines geborenen Syrers, erfolgreich gelang. 1812 wurde er als Lehrer der hebräischen, griechischen und lateinischen Sprache und Literatur am Hermannstädter Gymnasium angestellt. 1818 wurde er Rektor dieser Anstalt und las auch über Mathematik, Philosophie, Theologie und Weltgeschichte.

1821 erhielt Wenrich einen Ruf als Professor der Exegese A. B. und der orientalischen Sprachen an die neu errichtete Protestantisch-Theologische Lehranstalt in Wien. Schweren Herzens und unter Hintanlassung seiner heimischen Geschichtsforschungen verließ er Siebenbürgen. Die ersten Jahre in Wien waren nicht leicht für ihn, da er neben seinen eigenen Fächern in Ermangelung einer genügenden Anzahl von Professoren auch andere Teilgebiete der Theologie vortragen mußte. Als endlich seine große Belastung etwas erleichtert wurde, konnte er seine ruhmvoll gewordene schriftstellerische Tätigkeit weiter entwickeln und sich neben seinem Fachstudium auch der Sanskritsprache und deren Literatur widmen. In diesem Fachbereich erwarb sich Wenrich europäischen Ruf. Daneben verfaßte er die Biographien des Direktors der Anstalt, des Superintendenten Johann Wächter, und des Konsistorialrates Jacob Glatz.

Wenrich galt unter den Wissenschaftlern als einer der besten Arabisten, was ihm auch die Freundschaft vieler bedeutender Orientalisten einbrachte (Reinaud, de Sacy u. a. m.). 1830 hatte er auf die Preisfrage der Göttinger Gelehrten-Gesellschaft, was der Osten, das Schrifttum der Syrer, Araber, Armenier und Perser den Werken der Griechen verdanke, mit einer Darstellung der Übersetzungen griechischer Autoren in die Sprachen der genannten Völker beantwortet. Seine Arbeit wurde preisgekrönt. 1834 errang er den Preis für eine von der Königlichen Akademie der Wissenschaften in Paris gestellten Aufgabe, einen Vergleich der Poesie der Hebräer mit der der Araber durchzuführen. Auch eine Darstellung der von den Arabern in Italien und auf den anliegenden Inseln vollbrachten Taten weist Wenrich als kundigen Arabisten aus.

Sein Ruf hatte unter anderem zur Folge, daß er von der Londoner Bibelgesellschaft mit der Aufsicht des Druckes einer hebräischen Bibel betraut wurde, die zur Verteilung unter bedürftigen Juden bestimmt war.

Hatte bereits die Regierung und selbst Kaiser Franz I. durch persönliche Schreiben ihm ehrende Anerkennungen zuteil werden lassen, so erlebte Wenrich seinen Höhepunkt in der Ernennung zum Mitglied der neugegründeten k. k. Akademie der Wissenschaften in Wien, die 1847 nach dem Vorbild der Académie Francaise in Paris ins Leben gerufen wurde.

Somit befand sich Wenrich unter den ersten „vierzig Unsterblichen“ des höchsten wissenschaftlichen Gremiums des Kaiserreiches. Doch sollte ihm keine Gelegenheit mehr gegeben sein, in dessen Rahmen zu arbeiten: einen Tag nach dem Stiftungstag der Akademie entriß ihn ein plötzlicher Tod seiner Wirksamkeit.
Wenrich galt als einer der bedeutendsten Orientalisten seiner Zeit. Durch ihn verlor nicht nur die Akademie „eine ihrer Zierden“, sondern auch „die Gesellschaft einen liebenswürdigen Gelehrten und Lehrer“ (Augsburger allgemeine Zeitung, 1847, Nr. 144, S. 1151).

WERKE:

Commentatio historica, qua quantum linguarum orientalium studia Austriae debeant, exponitur. I./II, Wien 1822, 1824.
Commentatio de adfinitate priscae Indorum linguae, quam Sanscritam dicunt, cum Persarum, Grarcorum, Romanorum atque Germanorum sermone. Wien 1827.
Johann Wächter als Mensch, als Diener des Staates und der Kirche. Wien 1834.
Jacob Glatz, eine biographische Skizze. Wien 1834.
De auctorum Graecorum versionibus et commentariis Syriacis, Arabicis, Armeniacis, Persiacisque commentatio. Leipzig 1842.
Rerum ab Arabicis in Italia insulisque adiacentibus Sicilia maxime, Sardinia atque Corsica gestarum commentarii, Leipzig 1845.
De poeseos Hebraicae atque Arabicae origine, indole mutuoque consensu atque discrimine commentatio. Leipzig 1847.

LITERATUR:

Frankl, L.: Einer der vierzig. In: Wiener Bote, Beilage zu den Sonntagsblättern, 1847, Nr. 21.
Wittstock, H.: Professor J. G. Wenrich, Mitglied der Akademie der Wissenschaften. In: Österreichische Blätter für Literatur, Kunstgeschichte etc., 4. Jg., 10. 6. 1847.
Trausch, Joseph: Schriftsteller-Lexikon der Siebenbürger Deutschen. Bd. III, Kronstadt 1871, S. 495—499.
Frank, G.: Die k. k. Evangelisch-Theologische Facultät in Wien. Wien 1871.
Mecenseffy, Grete: Evangelische Lehrer an der Universität Wien. Graz-Wien-Köln 1967, S. 26 bis 27.
Ferner: W, 55, 4—7.

HELMUT WOLFF

Geboren 14. August 1897 in Schäßburg (Sighişoara)
Gestorben 12. April 1971 in Südstadt bei Wien

Die Richtung auf das Wirken für seinen Volksstamm war Helmut Wolff, der mit zu den markantesten Gestalten der Siebenbürger Sachsen seiner Generation zählt, als Enkel des Dichters Michael Albert und Sohn des Schäßburger Stadtpfarrers Dr. Johann Wolff schon vorgezeichnet. Helmut Wolff wurde am 14. August 1897 in Schäßburg (Sighişoara) geboren, wo er auch das Gymnasium besuchte. Schon in seiner Jugend setzte er sich stets für die Sache der Gemeinschaft, vor allem für Kirche und Schule, ein. Im Laufe der Jahre entwickelte er sich dann mit seinen großen Fähigkeiten, seinem feurigen Temperament und seiner glänzenden Rednergabe zu einem führenden Volksmann, der seine umfassende ehrenamtliche Arbeit in einer von Wirrnissen und inneren Kämpfen zerrissenen Zeit nach bestem Wissen und Gewissen erfolgreich erfüllte.

Nach Fronteinsatz als Reserveoffizier bei den Gebirgsjägern im Ersten Weltkrieg studierte Wolff in Klausenburg (Cluj), Berlin, Kiel und Graz Medizin. Nach einigen Jahren erfolgreicher Berufstätigkeit in der zahnärztlichen Praxis in Bistritz (Bistriţa), später in Schäßburg, wurde er 1935, zu einer Zeit besonders großer Not und der inneren Zerrissenheit der Siebenbürger Sachsen, zum Volksratspräsident gewählt. Gleichzeitig verlegte er auch seine Praxis nach Hermannstadt (Sibiu). Seine Hauptaufgabe galt der Wiederherstellung der gestörten traditionellen Einheit zur Wahrung der Handlungsfähigkeit seiner Volksgruppe, die zwischen die Mühlsteine eines weltweiten, machtpolitischen und ideologischen Ringens geraten war. Politische Krisen jagten damals solche sozialer und wirtschaftlicher Natur.

Helmut Wolff trat als Volksratsvorsitzender, unterstützt vom ehemaligen Vorsitzenden der Deutschen Parlamentspartei und Landeskirchenkurator Dr. Hans Otto Roth, in dieser schwierigen Zeit mit Erfolg für die Wiederherstellung der Einheit, für die Einbeziehung der Opposition unter seinen Landsleuten in die Verantwortung und damit für den unentbehrlichen Rückhalt der Volkskirche, die Weitererhaltung der deutschen Schule und die Wahrung und Verwirklichung eines Mindestmaßes der Rechte des Minderheitenschutzvertrages ein.

Für Wolffs soziales Wirken seien hier nur beispielhaft der Wiederaufbau des Nachbarschaftswesens genannt sowie die großartige Sammelaktion unter seiner Leitung für die infolge einer Mißernte mit Hungersnot bedrohten Bessarabiendeutschen und die aktive Hilfeleistung für 500 Kinder aus diesem Gebiet.

1939 mußte Wolff unter Druck von außen sein Ehrenamt in der Volksorganisation niederlegen.

Nach vorübergehendem Einsatz als Chefarzt des 5. rumänischen Gebirgsjägerbataillons übernahm Wolff auf Drängen der Volksgruppenführung das Referat „Kirche und Schule". Dadurch wurde ihm Mitverantwortung für besonders heikle, später scharfer Kritik ausgesetzte Probleme auferlegt, die er im Hinblick auf die mehr denn je gefährdete Existenz seiner Landsleute leitete und deren Verantwortung er sich nicht entzog.

Wie vielen anderen auch, blieb ihm und seiner Familie ein hartes Flüchtlingsdasein nicht erspart. Wolff war in erster Ehe mit Herta, geborene Scholtes verheiratet, seine zweite Frau war Hedda, geborene Orendi. Einen Sohn verlor Wolff im Zweiten Weltkrieg.
1947 baute er sich in Linz eine neue Existenz auf, übersiedelte später nach Wien, wo er als Zahnarzt tätig war, und starb dort am 12. April 1971.

LITERATUR:

o. A.: Dr. Helmut Wolff — 70 Jahre. In: Siebenbürgische Zeitung vom 31. 8. 1967, S. 2.
o. A.: Dr. Helmut Wolff. In: Siebenbürgische Zeitung vom 15. 5. 1971.
Miege, Wolfgang: Das dritte Reich und die Deutsche Volksgruppe in Rumänien 1933—1938. Ein Beitrag zur nationalsozialistischen Volkstumspolitik. Bern-Frankfurt 1972.

ADRIAN WOLFHARD

Geboren 1491 in Straßburg (Aiud)
Gestorben 1545 in Treppen (Tărpiu)

Geht man der räumlichen Verbreitung der humanistischen Bildungsmittelpunkte im deutschsprachigen Raum näher nach, so tritt immer wieder Wien in das Blickfeld. Von hier liefen die Fäden in den Osten, Nordosten und Norden, so auch nach Siebenbürgen. Es sind letztlich des „Erzhumanisten" Konrad Celtis' Spuren, auf denen man geht. Neben Georg Tannstetter-Collimitius und Ambrosius Salzer aus Ödenburg waren es vor allem auch Martin Siebenbürger-Capinius (siehe dort!) und Adrian Wolfhard aus Siebenbürgen, die im Geiste von Celtis' Donaugesellschaft in Wien wirkten.
Adrian Wolfhard wurde 1491 in Straßburg (Aiud) am Mieresch geboren. „Der freien Künste und Weltweisheit Magister" entfaltete in Wien als Professor an der Universität, als Philologe und Dichter eine eifrige Tätigkeit. Er gab unter anderem die nachgelassenen Schriften des ungarischen Humanisten Johann Csezmicsei-Janus Pannonius, Schulausgaben des Horaz, Elegien und Distichen zu den Schriften seiner Humanistenfreunde heraus. 21jährig begrüßte er Kaiser Maximilian I. bei dessen Einzug in Wien namens der Fakultät und der Stadt mit einem lateinischen Carmen (Lobgedicht).
Wolfhard wurde später stellvertretender Inhaber des Bischofstuhls zu Weißenburg in Siebenbürgen und hat als solcher nachmals die Reformation in seine Heimat eindringen sehen und war vermutlich von Luthers Lehre selbst innerlich bewegt.
Sein 1545 in Treppen (Tărpiu) erfolgter Tod als Pleban wurde von seinem großen Humanistenfreundeskreis sehr beklagt.

WERKE:

Adriani Wolfhardi, Transylvani, Panegyris. Ad Invictissimum Caesarem Maximilianum, semper Augustum. Viennae Pannoniae, per Hieronymum Vietorem, Philovallem, & Joannem Singrenium de Oeting, Calcographos Diligentissimos. Tertio Idus Aug. An. Dni. M. D. XII. in 4.
Er besorgte neue Auflagen verschiedener Bücher.
Verschiedene kleine Gedichte in Werken anderer Gelehrter.

LITERATUR:

Trausch, Joseph: Schriftsteller-Lexikon der Siebenbürger Deutschen. Bd. III, Kronstadt 1875, S. 509—513.
Klein, Karl Kurt: Literaturgeschichte des Deutschtums im Ausland. Schrifttum und Geistesleben der deutschen Volksgruppen im Ausland vom Mittelalter bis zur Gegenwart. Leipzig 1939, S. 48.

WILHELM ZEHNER

Geboren 2. September 1883 in Bistritz (Bistriţa)
Gestorben 11. April 1938 in Wien

Der am 2. September 1883 in Bistritz (Bistriţa) geborene Wilhelm Zehner hat die so schwere Zeit der beiden großen Weltkriege, in die er hineingeboren wurde, durchlitten und bis zur bitteren Neige auskosten müssen. Er verkörpert für uns heute Lebende einen Ausschnitt österreichischer Zeitgeschichte.
Zehner hatte sich der Militärlaufbahn verschrieben. Nach Absolvierung der Infanteriekadettenschule wurde er 1902 als Kadett-Offiziersstellvertreter zum k. u. k. Infanterieregiment Nr. 61 ausgemustert. Nach 1920 war er Bataillonskommandant des Alpenjäger-Regiments Nr. 8 in Braunau, später Kommandant des Alpenjäger-Regiments Nr. 7 in Linz. Schließlich rückte er als Oberst zum Stellvertreter des Generalmajors Wolfgang Waldherr auf, bis er als Nachfolger des in den Ruhestand getretenen Generals zum Kommandanten der Bundesheerbrigade Nr. 4 in Linz ernannt wurde. 1933 wurde Zehner zum Generalmajor befördert und aus diesem Kommando heraus vom österreichischen Bundeskanzler E. Dollfuß (zwei Wochen vor dessen Tod während des Juliputsches) am 10. Juli 1934 zum Staatssekretär für Heereswesen ernannt. Angesichts des drohenden Einmarsches der Deutschen 1938 weigerte sich Zehner als Chef des Heeres, das österreichische Bundesheer gegen die Deutsche Reichswehr einzusetzen, was Bundeskanzler Schuschniggs Entschluß erleichterte, der einrückenden Reichswehr keinen Widerstand entgegenzusetzen.
Dieser Entscheid, unabwendbares Blutvergießen möglichst zu vermeiden, fiel wohl im Bewußtsein der militärischen Ohnmacht des kleinen Österreichs und der Überlegenheit der Reichswehr. Als Schuschnigg unter dem Eindruck der unmittelbar bevorstehenden militärischen Intervention zurücktrat und am 11. März 1938 eine neue Regierung unter Seyß-Inquart gebildet wurde, war auch General Zehners Laufbahn zu Ende.
Tief erschüttert und verzweifelt über die politischen Ereignisse erschoß er sich genau einen Monat später in seiner Wiener Wohnung.

LITERATUR:

Starhemberg, Ernst Rüdiger: Memoiren. Wien-München 1971, bes. S. 303 und 344.

ALBERT ZIEGLER

Geboren 9. April 1888 in Zeiden (Codlea)
Gestorben 1946 in Halle/Saale

Neben Traian Vuia, der 1906 in Paris Flugversuche machte, und Aurel Vlaicu, der 1913 bei Cîmpina tödlich verunglückte, muß auch Albert Ziegler, „nachweislich der erste aus ganz Siebenbürgen, welcher erfolgreiche längere Flüge unternahm" (Ziegler), als südosteuropäischer Pionier des Flugwesens genannt werden. Ziegler, der am 9. April 1888 in Zeiden (Codlea) im Burzenland geborene Bauernsohn, fühlte sich schon als Kind zum Fliegen berufen. Mit zwei großen aufgespannten Schirmen sprang er vom Stalldach in den elterlichen Hof. Einen ähnlichen Versuch unternahm er mit zwei großen Kuchenbrettern als Flügeln, um so die Schwerkraft zu überwinden. Ziegler besuchte die Volksschule in Zeiden, anschließend erlernte er das Schlosserhandwerk bei einem Zeidner Meister, später dann in Kronstadt (Brașov). Seine technische Begabung zeigte sich bei ihm schon als Lehrling; er baute Motoren, projektierte ein wassertüchtiges Automobil und beschäftigte sich mit Funktelegraphie und Nachrichtenübermittlung. Um weitere Erkenntnisse und Erfahrungen zu sammeln, ging Ziegler ins Ausland. Von der französischen Schweiz ging er nach Paris, das zu jener Zeit auf diesem Gebiet am weitesten fortgeschritten war, und blieb zwei volle Jahre dort. Von hier besuchte er London und bereiste England und Schottland. Bald führte ihn sein Weg nach Berlin und Wien (Aspern). Auf dem Flugfeld Bernau bei Berlin fand er Möglichkeiten, seine Pläne voranzutreiben. Als Gleitfluglehrer bei Rumpler und anderen Firmen („Deutsche Wright-Gesellschaft"; „Garuda", Flugmaschinen und Propellerbau) beriet er auch Söhne des Deutschen Kaisers. Mit Unterstützung der Siemens-Schuckert-Werke konnte er nach eigenem Entwurf ein „Pfeilflugzeug" bauen, mit dem er im Jahre 1913 auf dem Bornstedter Felde erfolgreiche Flüge unternahm. Die Presse Siebenbürgens hielt ihre Leser über die Entwicklung und Erfolge ihres Landsmannes in Berlin auf dem laufenden. Eine Reihe von Gönnern aus der Heimat überwies Ziegler eine Spende in Höhe von 15.000 Kronen, für die er sich einen Etrich-Eindecker kaufte.

Im Herbst 1913 kehrte Ziegler nach Siebenbürgen zurück und unternahm, umjubelt von Zehntausenden seiner Landsleute, die den erstmals erlebten „Mensch in den Lüften" mit großer Begeisterung und höchsten Ehren feierten, eine Reihe von Schauflügen. Er startete zunächst auf einer großen Wiese bei Weidenbach (Ghimbav) nahe Kronstadts und überflog in wiederholten, immer weiter ausschwingenden Bahnen Kronstadt und die benachbarten Dörfer. Für Interessierte nachfolgend die technischen Daten Zieglers Flugapparates:

Das Flugzeug erreichte in vier Minuten eine Höhe von 500 Metern. Der Benzintank faßte 175 Liter, die für 500 Kilometer Entfernung ausreichten. Die Spannweite der Tragflächen betrug 12 Meter und die Länge des Rumpfes 9,50 Meter. Die Flugmaschine erreichte mit einem Eigengewicht von 650 Kilogramm eine Stundengeschwindigkeit von 120 km und konnte noch 400 Kilogramm aufnehmen. Außer dem Piloten konnten noch zwei Passagiere darin Platz finden.

Trotz eines Absturzes bei Schäßburg (Sighişoara), bei dem glücklicherweise niemand verletzt wurde, setzte Ziegler seine kühnen Flüge fort. Der Ausbruch des Ersten Weltkrieges hinderte Ziegler an weiteren Versuchen. Er wurde zum Heeresdienst als Fluglehrer eingezogen und bald war er für die vielen Jahre des Krieges Chefpilot der österreichischen Lloyd-Werke. Er hat in dieser Eigenschaft immer wieder neue Maschinen eingeflogen.

Seit 1919 lebte Ziegler in Westeuropa, wo er als Fachmann und als Versuchspilot bei verschiedenen Firmen arbeitete.

1946 starb er in Halle an der Saale.

LITERATUR:

Metter, Ewald: Fünfundzwanzig Jahre seit A. Zieglers Tod. Der siebenbürgische Pionier der Luftfahrt. In: Siebenbürgische Zeitung, München, vom 31. 1. 1971, S .7.

Zillich, Heinrich: Albert Ziegler, der erste südostdeutsche Flugzeugbauer und Flieger. Zu seinem Tod vor 25 Jahren. In: Südostdeutsche Vierteljahresblätter, 20. Jg., München 1971, Folge 2, S. 119.

Gheorghiu, Constantin C.: Albert Ziegler — ein Vorläufer des Flugwesens. In: Karpaten-Rundschau, Kronstadt, 7. Jg., Nr. 18 vom 1. 5. 1974, S. 6.

FRANZ JOSEF ZIMMERMANN

Geboren 9. September 1850 in Hermannstadt (Sibiu)
Gestorben 27. Jänner 1935 in Linz/Donau

Franz Josef Zimmermann kam am 9. September 1850 als Sohn des Professors der Rechtsakademie Josef Andreas Zimmermann (siehe dort!) in Hermannstadt (Sibiu) zur Welt. Schon früh kam er mit seinen Eltern und seinem älteren Bruder Wilhelm nach Wien, wohin sein Vater als Beamter in das k. k. Ministerium für Kultus und Unterricht berufen worden war. Die unteren Gymnasialklassen besuchte er in Deutschland, die oberen im k. k. Gymnasium zu den Schotten in Wien. Anschließend studierte er altklassische Philologie in Leipzig, wendete sich aber bald dem Studium der Geschichte und der historischen Hilfswissenschaften zu, die er in Wien mit großem Eifer, zumal als Mitglied des Instituts für Österreichische Geschichtsforschung (1872 bis 1875), betrieb.

1875 bis 1906 bekleidete er, auf das beste dafür vorbereitet, die Stelle eines Archivars der Stadt Hermannstadt und der Sächsischen Nation. Die Nebenfrucht seiner dortigen Beschäftigung bildeten zahlreiche hervorragende Veröffentlichungen, deren strenge Wissenschaftlichkeit auf die siebenbürgische Geschichtsschreibung erzieherisch wirken sollten und diesen Einfluß auch tatsächlich ausübten (23 Titel). Hier setzte er die von Wilhelm Wenrich bis 1500 durchgeführte Registrierung der Urkundenabteilung fort und registrierte sämtliche Akten des Hermannstädter Magistrates, der Sächsischen Nationsuniversität, des sächsischen Komitates und des Hermannstädter Komitates aus den Jahren 1701 bis 1850.

1906 übersiedelte Zimmermann mit seiner Familie nach Österreich, um leichter Heilung von seinen rheumatischen Leiden zu finden. Er ließ sich zunächst in Steyr, dann in St. Pölten, schließlich in Linz nieder, wo er am 27. Jänner 1935 starb.

Die zwei Epochen im Leben Franz Josef Zimmermanns, die siebenbürgische und die österreichische, spiegeln sich deutlich in seinem historiographischen Werk wider. In der einen beschäftigten ihn hauptsächlich siebenbürgische Themen. Seine Hermannstädter Tätigkeit gipfelte in der Herausgabe der drei ersten Bände des „Urkundenbuches zur Geschichte der Deutschen in Siebenbürgen", 1892 bis 1902, zum Teil in Gemeinschaft mit Karl Werner und Georg Eduard Müller herausgegeben, aber doch in der Hauptsache von Zimmermann gesammelt, entworfen und getragen.

In der österreichischen Epoche entstanden vor allem jene Arbeiten, in denen er gewisse geschichtswissenschaftliche Darstellungen des Lehrstuhlinhabers für Kirchengeschichte an der Wiener evangelisch-theologischen Fakultät, Georg Loesche aus Berlin, kritisch unter die Lupe nahm. Er veröffentlichte in den Jahren 1925 bis 1930 nicht weniger als acht Arbeiten von insgesamt über 800 Druckseiten; die meisten von ihnen sind ausgestattet mit zahlreichen wichtigen, bis dahin noch nicht veröffentlichten Urkundenwiedergaben.

Der Wunsch bei diesem wissenschaftlichen Disput, in den sogar die Akademie der Wissenschaften mit hereingezogen wurde, gipfelte in einer wahrheitsgetreuen Darstellung der historischen Abläufe um das Protestantenpatent von 1861.

WERKE:

Urkundenbuch zur Geschichte der Deutschen in Siebenbürgen. Bd. I, Hermannstadt 1892; Bd. II, Hermannstadt 1897; Bd. III, Hermannstadt 1901.

Die Leiturkunden für Neuordnung der evangelischen Kirche im Gesamtstaat Österreich (= Sonderabdruck aus „Deutsche politische Hefte aus Großrumänien", V. Jg., 1925). Hermannstadt 1925.

Aus dem Ministerium Thun. Aktenstücke und Briefe verfaßt von J. A. Zimmermann in den Jahren 1854 bis 1859. In: Archiv des Vereins für siebenbürgische Landeskunde, 42, Hermannstadt 1925, S. 504—547.

Das Ministerium Thun für die Evangelischen im Gesamtstaate Österreich 1849—1860. Wien 1926.

Georg Loesche über das Ministerium Thun 1849—1860. Steyr 1927.

Rechtsurkunden der Evangelischen in Österreich, 1815—1920. Steyr 1929.

Vorgeschichte und Durchführung des Patentes betreffend die Evangelischen vom 8. April 1861. Steyr 1930.

Georg Loesche als Geschichtsforscher. Steyr 1930.

Georg Leosche Redivivus. Steyr 1931.

LITERATUR:

Schuller, Friedrich: Schriftsteller-Lexikon der Siebenbürger Deutschen. Bd. IV, Hermannstadt 1902, S. 525—528.

Folberth, Otto: Minister Thun und die Siebenbürger Sachsen. Ungeschriebene Kapitel der Geschichte des Protestantismus in Österreich. In: Jahrbuch der Gesellschaft der Geschichte des Protestantismus in Österreich. Wien 1964, 80. Jg., S. 47—65.

HARALD ZIMMERMANN

Geboren 12. September 1926 in Budapest

Am 12. September 1926 wurde Harald Zimmermann in Budapest als Sohn des Dr. jur. Rudolf Zimmermann aus Bistritz (Bistrița) und dessen Frau Aline, geborene Teutsch aus Kronstadt (Brașov), geboren. Schon im Alter von drei Jahren kam er nach Wien und absolvierte hier von 1932 bis 1944 seine Schuljahre. Sein Lesehunger in wertvollen Transsilvanica aus der Bibliothek seines Elternhauses wie auch die seelische Bindung an die siebenbürgische Heimat der Eltern und Großeltern ließen frühzeitig ein lebendiges Interesse auch für die Geschichte Siebenbürgens erkennen; mit 16 Jahren hielt Zimmermann bereits einen Vortrag über Albert Huet.
Nach einjähriger Kriegsdienstzeit begann er 1946 sein Studium an der Evangelisch-theologischen Fakultät der Universität Wien, das er mit der Promotion zum Doktor der Theologie auf Grund einer kirchenhistorischen Dissertation 1950 ab-

schloß. Seine historischen Studien setzte er an der Philosophischen Fakultät fort und promovierte auch in diesem Fach 1952 mit einer Arbeit über „Thomas Ebendorfers Schismentraktat. Edition“. Von 1951 bis 1953 absolvierte Zimmermann das Institut für österreichische Geschichtsforschung in Wien und schloß mit dem Staatsexamen ab. Ein Jahr darauf wurde er zum „Mitglied des Instituts für österreichische Geschichtsforschung in Wien“ ernannt. Er vervollkommnete seine Ausbildung an der Juridischen Fakultät und absolvierte hier den rechtshistorischen Studienabschnitt. Während des Großteils seiner Universitätsjahre war er nebenher als Religionsprofessor an Allgemeinbildenden Höheren Schulen in Wien tätig. Seit 1958 ist Harald Zimmermann mit Gerlinde Wegscheidler aus Wien verheiratet.

1955 begann seine steile Karriere: zunächst war er sieben Jahre Universitätsassistent in Wien am Institut für österreichische Geschichtsforschung; während dieser Zeit habilitierte er sich 1961 für mittelalterliche Geschichte an der Philosophischen Fakultät der Universität Wien mit der Schrift: „Papstabsetzungen des Mittelalters“. 1962 wurde er zum Universitätsdozenten ernannt und bekleidete forthin bis 1967 die Stelle eines Wissenschaftlichen Beamten der Österreichischen Akademie der Wissenschaften in Wien. Während des Studienjahres 1967/68 nahm Zimmermann eine Gastdozentur an der Universität des Saarlandes in Saarbrücken an und ist seit März 1968 an dieser Universität ordentlicher Professor für mittelalterliche Geschichte.

Seine Mitgliedschaft bei den verschiedensten wissenschaftlichen Institutionen legen ein beredtes Zeugnis ab von seinem international anerkannten Ruf als Medievist und Historiker:

Seit 1962 Ordentliches Mitglied und Vorstandsmitglied des Arbeitskreises für siebenbürgische Landeskunde in Heidelberg.

Seit 1965 korrespondierendes, seit 1969 ordentliches Mitglied der Südostdeutschen Historischen Kommission (München).

Seit 1968 Mitglied der Kommission für die Bearbeitung der Regesta Imperii in Marburg/Lahn.

Seit 1971 korrespondierendes Mitglied der Österreichischen Akademie der Wissenschaften in Wien.

Seit 1972 Ordentliches Mitglied der Akademie der Wissenschaften und Literatur in Mainz.

Seit 1972 Mitglied der Zentraldirektion der Monumenta Germaniae Historica in München.

WERKE:

Thomas Ebendorfers Schismentraktat. Edition (= Archiv für österreichische Geschichte, Bd. 120, H. 2). Wien 1954.

Ekklesia als Objekt der Historiographie (= Sitzungsberichte der österreichischen Akademie der Wissenschaften, phil.-histor. Klasse, Bd. 235, 4. Abhandlung). 1960.

Pabstabsetzungen im Mittelalter. Mitteilungen des Instituts für österreichische Geschichtsforschung, Bd. 69, S. 1—84, 241—291; Bd. 70, 1962, S. 60—110; Bd. 72, 1964, S. 74—109. Später auch als eigener Band bei Böhlau, Wien 1968.

Ottonische Studien. In: Mitteilungen des Instituts für österreichische Geschichtsforschung, 20. Ergänzungsband, 1962, S. 122—190.
Die Evangelische Kirche in Österreich; 1968.
Papstregesten 911—1024; 1969.
Das dunkle Jahrhundert, ein historisches Porträt; 1971.
Zahlreiche Aufsätze über historische Themen in wissenschaftlichen Zeitschriften.

LITERATUR:

Referenzen in den Nachschlagewerken: Who is who in Austria; Who is who in Germany; Kürschner Gelehrtenkalender; Repertoire des Medievistes.

JOSEF ANDREAS ZIMMERMANN

Geboren 2. Dezember 1810 in Schäßburg (Sighişoara)
Gestorben 19. Mai 1897 in Hermannstadt (Sibiu)

Der zur Zeit Kaiser Franz Josefs I. unter dem ersten österreichischen Minister für Kultus und Unterricht, Graf Leo Thun-Hohenstein, arbeitende und für die evangelische Kirche in Österreich so verdienstvolle Josef Andreas Zimmermann wurde am 2. Dezember 1810 in Schäßburg (Sighişoara) geboren; er war ein Sohn des dort ansässigen Riemermeisters Josef Zimmermann.
Schon als Junge zeichnete sich Zimmermann durch großen Fleiß und staunenswertes Gedächtnis aus. Er absolvierte das Schäßburger Gymnasium mit glänzendem Erfolg, beendete 1832 seine juridisch-politischen Studien am magyarischen Lyzeum und reformierten Kollegium in Klausenburg (Cluj) mit Auszeichnung und trat beim dortigen siebenbürgischen Gubernium als Kanzlist in den Staatsdienst. Zimmermann wollte sich möglichst vielseitig umsehen und ausbilden und

arbeitete abwechselnd in Klausenburg, Schäßburg und diente bei der königlichen Tafel in Maros-Vásárhely. Ende 1839 wurde er Lehrer des sächsischen Privatrechtes und der vaterländischen Rechte am Gymnasium in Hermannstadt (Sibiu); ab 1844 war er Professor an der neuerrichteten Rechtsakademie in Hermannstadt, wo er für sein Hauptfach eine unter seinen Schülern viel verbreitete „Siebenbürgische Rechtsgeschichte“ schrieb und eine Autorität auf dem Gebiete der vaterländischen Geschichte war. Eine mehrmonatige Reise nach Deutschland brachte ihn in Berührung mit hervorragenden Staatsmännern und Gelehrten.

Seine politische Tätigkeit zielte schon früh auf Kräftigung des österreichischen Gesamtstaates im Sinne der Pragmatischen Sanktion; er verurteilte daher die von den Magyaren erstrebte, den späteren Dualismus der Monarchie ermöglichende Union Siebenbürgens mit Ungarn. Um den Herrscher zu warnen, dieser zuzustimmen, begab er sich Mitte 1848 als Mitglied einer viergliedrigen Deputation nach Wien und Innsbruck, von welcher Reise er erst nach Beendigung des inzwischen ausgebrochenen Bürgerkrieges in Siebenbürgen 1849 nach Hermannstadt zurückkehrte. Ein in dieser Zeit an ihn herangetragenes Anerbieten von Graf Franz Stadion, in dessen Ministerium des Inneren einzutreten, hatte er ausgeschlagen.

In Hermannstadt besaß Zimmermann schon seit Anfang der vierziger Jahre eine gut gehende Rechtsanwaltskanzlei und war auch publizistisch tätig. Besonders segensreich wirkte er als Mitglied der obersten politischen Körperschaft der Siebenbürger Sachsen, der Nationsuniversität, die sogleich in den ersten Jahren ihres Bestehens wichtige historische Beschlüsse faßte; so die Einführung des Österreichischen Bürgerlichen Gesetzbuches und die Errichtung der Nationaldotation (1850), die für Bildungszwecke, besonders für Schulen, verwendet wurde. Zudem veranlaßte Zimmermann auch, daß der Organisationsentwurf für die österreichischen Gymnasien auch auf die siebenbürgischen übertragen wurde.

Im November 1850 wurde Zimmermann vom Grafen Thun in dessen Ministerium für Kultus und Unterricht nach Wien „zu außerordentlicher Verwendung“ berufen und nahm nach einigem Zögern an; 1852 übersiedelte er nach Wien. Dort stieg er in der „Abteilung für die Kirchen- und Schulangelegenheiten“ 1852 zum Ministerialsekretär, 1855 zum Sektionsrat, 1858 zum Ministerialrat, 1860 zum Wirklichen Ministerialrat auf.

Besonders am Herzen lag Zimmermann die rechtliche Gleichstellung der Evangelischen in Österreich. Am 8. April 1861 wurde das Patent, das seither sogenannte Protestantenpatent, von Kaiser Franz Josef unterzeichnet. Hierzu leistete Zimmermann äußerst verdienstvolle Vorarbeiten, doch gingen bei weitem nicht alle seine Forderungen durch. Trotz der Unzulänglichkeiten des Patents, die den verantwortungsbewußten Männern der Kirche arge Enttäuschung bereiteten, bedeutete es eine wesentliche Verbesserung der bisherigen Lage der evangelischen Kirche in Österreich und wurde von dieser herzlich begrüßt; auch stellt es einen weiteren, wichtigen Schritt in Richtung des Protestantengesetzes von 1961 dar, indem weitgehend alle früheren Forderungen und Wünsche verwirklicht wurden. Auf Grund dieses Patentes konnte 1864 zum ersten Mal die Generalsynode beider evangelischen Kirchen A. B. und H. B. in Wien unter dem Vorsitz von Josef Andreas Zimmermann zusammentreten, der dann noch zehn Jahre bis zu seiner

Pensionierung als Vorsitzender, später als der erste evangelische Präsident des evangelischen k. k. Oberkirchenrates (mit dem Range eines Sektionschefs) an der Spitze der evangelischen Kirche in Österreich stand. Zimmermanns Verdienste bestehen im besonderen darin, für die österreichische evangelische Kirche die Verfassung geschaffen zu haben.

Zimmermanns Haus in Wien war Zentrum für Ratsuchende; es war Ziel vieler Landsleute, die in irgendeiner Arbeit für Volk, Kirche und Schule standen. Wie in seiner Heimat wurde er auch hier uneigennütziger, unermüdlicher Ratgeber, dessen Stimme Gewicht hatte. Zu seinem Ruhestand wurde ihm das Comthurkreuz des Franz-Josef-Ordens mit dem Stern verliehen.

Seit seiner Pensionierung 1874, nach 42jähriger Dienstzeit, lebte Zimmermann abwechselnd in Wien und Hermannstadt. Auch in den nachfolgenden Jahren war er noch fortwährend mit literarischen Studien und Büchern beschäftigt und nahm regen Anteil am Gang der öffentlichen Verhältnisse. Seine ganze reiche Bibliothek mit weit über 6000 Titeln überließ er der evangelischen Landeskirche in Hermannstadt; aus seinem Nachlaß gelangte die wohl einmalige, mit äußerster Akribie und Sorgfalt geführte Handschriftensammlung, die vornehmlich kirchenhistorische Akten beinhaltet, an das Baron Brukenthalsche Museum.

Zimmermann starb am 19. Mai 1897 in Hermannstadt.

LITERATUR:

Friedenfels, Eugen von: Joseph Bedeus von Scharberg. Beiträge zur Zeitgeschichte Siebenbürgens im 19. Jahrhundert. II. Teil, Wien 1877, S. 239 f.

Teutsch, Friedrich: Denkrede auf Josef Andreas Zimmermann. Zur Eröffnung der 49. Generalversammlung des Vereins für siebenbürgische Landeskunde. In: Archiv des Vereins für siebenbürgische Landeskunde, NF, XXVIII, Hermannstadt 1898, H. 1, S. 5—32.

Bielz, E. A.: Josef Andreas Zimmermann. In: Siebenbürgischer Volkskalender. Hermannstadt 1898.

Schuller, Friedrich: Schriftsteller-Lexikon der Siebenbürger Deutschen. Bd. IV, Hermannstadt 1902, S. 528—534, 559—600.

Schuller, Richard: J. A. Zimmermann. Ein Gedenkblatt zur 100. Jahreswende seiner Geburt. In: Neuer Volkskalender für das Jahr 1910. Hermannstadt 1910, S. 65—94.

Fritsch, Karl: Sächsische Führer der Vergangenheit (= Sonderabdruck aus dem Siebenbürgisch-Deutschen Tagblatt). Hermannstadt 1931, S. 50—61.

Folberth, Otto: Siebenbürgische Gestalten in der evangelischen Kirche Österreichs. In: Licht der Heimat. Monatsgruß des Hilfskomitees der Siebenbürger Sachsen. München, September 1961, Nr. 95.

Folberth, Otto: Schützenhilfe aus Siebenbürgen für die evangelische Kirche in Österreich. Eine wenig bekannte Episode um das Protestantenpatent. In: Glaube und Heimat. Evangelischer Kalender für Österreich. Wien 1962, 16. Jg., S. 82—86.

Folberth, Otto: Minister Thun und die Siebenbürger Sachsen. Ungeschriebene Kapitel der Geschichte des Protestantismus in Österreich. In: Jahrbuch der Gesellschaft für die Geschichte des Protestantismus in Österreich. Wien 1964, 80. Jg., S. 47—65.

Ferner: W, 60, 126—127.

ABKÜRZUNGEN

ADB = Allgemeine Deutsche Biographie. Bd. 1—56, Leipzig 1875—1912.
ÖBL = Österreichisches biographisches Lexikon. Hrsg. von der Österreichischen Akademie der Wissenschaften. Bd. 1—5, Graz-Köln 1957—1972 (erschienen bis Buchstabe M).
W = Wurzbach, Constant von: Biographisches Lexikon des Kaiserthums Österreich, enthaltend die Lebensskizzen der denkwürdigen Personen, welche 1750 bis 1850 im Kaiserstaate und in seinen Kronländern gelebt haben. Bd. 1—60, Wien 1856—1891.
o. A. = ohne Autor
o. J. = ohne Jahr
o. O. = ohne Ort
o. T. = ohne Titel

BILDNACHWEIS

Artur Freiherr Arz von Straußenburg: Kriegsarchiv Wien, Bildersammlung L 856.
Rudolf Hermann Eisenmenger: Kobé, Wien I, Kärntner Straße 28.
Richard Thomas Engler: Johann Barth, Salzburg, Franz-Hinterholzer-Kai 8 (Nr. 5038 a).
Ludwig Fabini: Kriegsarchiv Wien, Bildersammlung L 2349.
Hermann Gross: Photo-Jenekel, 2427 Malente, Bahnhofstraße 10.
Fritz Hintz-Fabricius: M. Meroth.
Carl Ipsen: Universitätsarchiv, Innsbruck.
Michael Freiherr von Melas: Österreichische Nationalbibliothek, Nr. 507.862.
Ragimund Reimesch: Foto Humer, Lenzing, OÖ.
Mathias Schuster: Foto Humer, Lenzing, OÖ.

Dem Verlag des Südostdeutschen Kulturwerks, München, danke ich für die Erlaubnis der Bildwiedergaben von Franz Karl Franchy, Johann Gottlieb Fabini, Otto Folberth, Friedrich Hensel und Johannes Honterus.

Dem Selbstverlag des Hilfskomitees der Siebenbürger Sachsen, München, danke ich für die Erlaubnis der Bildwiedergaben von Egon Hajek, Karl Filtsch, Conrad Freiherr Schmidt von Altenheim und Viktor Capesius.

Dem Verlag Hans Meschendörfer, München, danke ich für die Erlaubnis der Bildwiedergabe von Artur Phleps.

Inhalt